Beiträge

zur Gesellschafts- und
Bildungspolitik
Institut der deutschen Wirtschaft

D1670562

Michael Spangenberger (Hrsg.)

Technik und Ökonomie im Lichte sozialethischer Fragestellungen

mit Beiträgen von Klaus Borchard,
Joseph Cardinal Ratzinger,
Ernst H. Plesser, Karl-Heinz Freitag

Deutscher Instituts-Verlag GmbH · Köln

Die Autoren:

Prof. Dr.-Ing. Klaus Borchard, Jahrgang 1938; ordentlicher Professor für Städtebau und Siedlungswesen und Direktor des Instituts für Städtebau, Bodenordnung und Kulturtechnik der Universität Bonn, Honorarprofessor der Universität Santiago de Chile.

Joseph Cardinal Ratzinger, Jahrgang 1927; Präfekt der Kongregation für die Glaubenslehre, Vatikanstadt.
Der Artikel erfuhr seine Erstveröffentlichung in der Internationalen katholischen Zeitschrift Communio 1/82, Paderborn 1982.

Ernst H. Plesser, Jahrgang 1912; Wirtschaftsjurist, Vorsitzender des Arbeitskreises Wirtschaft und Technik der Rabanus-Maurus-Akademie, Mitglied des Beirates des Instituts der deutschen Wirtschaft, Generalbevollmächtigter der Deutschen Bank a. D.

Dr. rer. pol. Karl-Heinz Freitag, Jahrgang 1928; Bundesverband der Deutschen Industrie, Köln, Mitglied des Bundes Katholischer Unternehmer.

Herausgegeben vom Institut der deutschen Wirtschaft.

Verantwortlich für den Inhalt:
Hauptabteilung Bildung und Gesellschaftswissenschaften
Leitung: Dr. Winfried Schlaffke.

© 1985 Deutscher Instituts-Verlag GmbH, Gustav-Heinemann-Ufer 84–88,
Postfach 51 06 70
5000 Köln 51, Telefon (02 21) 37 08-3 41.

Druck: Kölnische Verlagsdruckerei GmbH, Köln

ISBN 3−602−24856−9

Inhalt

Karl-Heinz Freitag

Die gesellschaftspolitischen Aufgaben der Sozialverbände in Zeiten technisch-industrieller Umstrukturierungen

Vorwort

Die vielen Innovationen im Bereich der Technik, die Veränderungen im ökonomischen Gefüge der Industriegesellschaften wie auch der Weltwirtschaft im allgemeinen sind nicht nur eine Herausforderung für die Industrie und die Technologiepolitik des Staates, sondern die sich daraus ergebenden Fragestellungen beschäftigen in zunehmendem Maße auch jene kirchlichen Verbände und Organisationen, die sich mit der Berufs- und Arbeitswelt auseinandersetzen.

Die vorliegende Publikation ist aus einer Veranstaltung des Instituts der deutschen Wirtschaft mit Vertretern von katholischen und evangelischen Sozialverbänden unter dem Thema „Technologische Innovationen und Menschenwürde" hervorgegangen.

Der Beitrag von Professor Borchard zum Thema des Sozialverbände-treffens will aus der Sicht eines christlich orientierten Ingenieurs Wege einer verantworteten Würdigung der technischen Entwicklung aufzeigen. Mit einer grundsätzlichen theologischen Wertung der Technik und ihres Verhältnisses zur Schöpfungsordnung befaßt sich Joseph Cardinal Ratzinger, der Präfekt der Römischen Glaubenskongregation. Ernst H. Plesser widmet sich unter dem Thema „Rentabilität und Humanität" der Frage, inwieweit Gewinnorientierung und Rentabilität eines Unternehmens im Einklang mit den Gesetzen der Humanität und Ehtik stehen können. Den Abschluß bildet Karl-Heinz-Freitag, der als Vertreter eines kirchlichen Sozialverbandes der Frage nach der konkreten Umsetzung der Erkenntnisse durch die kirchlichen Sozialverbände in die Gesellschaftspolitik nachgeht.

Die Publikation dient so der Intensivierung des interdisziplinären Dialoges zwischen Kirche und Wirtschaft.

Köln, im Februar 1985

Klaus Borchard

Technische Innovation und Menschenwürde

Seit der Erfindung des Faustkeils ist Technik ambivalent, und bis heute wird sie so empfunden. Fast jede neue Errungenschaft hat zu Auseinandersetzungen über Segen und Gefahren des technischen Fortschritts geführt: So war es beispielsweise bei einer so harmlosen Installation wie der öffentlichen Straßenbeleuchtung in den Städten, und so ist es heute bei einer so komplexen Installation wie einem Kernkraftwerk — ja auch die Nachrüstungsdebatte wird in gewissem Sinne aus der heutigen Kritik am technischen Fortschritt gespeist. Verstehen wir die technische Innovation noch immer als jenen Wegbereiter und Gefährten einer gesellschaftlichen Entwicklung, die uns zu mehr Humanität, zu mehr Kultur, zu neuen sozialen und moralischen Vorstellungen geführt hat, oder stehen wir mit unserer vermeintlichen oder tatsächlichen Unfähigkeit, die Folgen des technischen Fortschritts zu bewältigen, nicht schon am Ende dieses Weges? Ist uns bewußt, daß mit jedem technischen Fortschritt nicht nur die Gefahr des Mißbrauchs der Technik wächst, sondern mehr noch unsere Verpflichtung, diesem Mißbrauch durch immer mehr Einsatz von Intelligenz und durch mehr Verantwortungsbewußtsein im Umgang mit der Technik entgegenzuwirken? Ist der technische Fortschritt, dem wir so lange Zeit hindurch soziale Sicherheit, allgemeines Glück und persönlichen Wohlstand zu verdanken hatten, nun dabei, unsere Umwelt zu zerstören und nicht erneuerbare Ressourcen zu verschwenden? Verändert er nicht unaufhörlich unsere vertrauten Lebensverhältnisse, bedroht er nicht unsere Gesundheit und gar unser Leben, überfordert er nicht täglich die Anpassungsfähigkeit der Menschen?

1. Technikbewältigung fordert Mut zum Optimismus — Pessimismus ist Feigheit!

Manche Aversion gegen die Technik ist so alt wie die menschliche Kultur selbst. Dennoch kann es niemals eine technikfreie Alternativgesellschaft geben. Sie würde wohl keine ernsthafte Antwort auf die zweifellos wachsenden Probleme des technischen Fortschritts sein, wie uns dies etwa eine „ideologisierte Ökologie" mit ihrer schillernden Vielfalt an konkurrierenden Positionen um den „Mythos der heilen Natur" glauben machen möchte. Schon 1931 hatte sich Oswald Spengler in seinem Buch „Der Mensch und die Technik" mit dieser Frage auseinandergesetzt. Im Gegensatz etwa zu Karl Jaspers, der zur gleichen Zeit bekannt hatte, daß „mit der Technisierung ein Weg beschritten ist, der weitergegangen werden muß; ihn rückgängig zu machen, hieße das Dasein bis zur Unmöglichkeit erschweren", kommt Oswald Spengler zu der Behauptung: „Optimismus ist Feigheit!". Vor dem Hintergrund einer dramatischen Darstellung der dreieinhalb Jahrtausende während menschlichen Geschichte entwickelt Spengler Prognosen für die „nähere Zukunft" (also für die Zeit, in der wir heute leben), die meistenteils inzwischen zu einer makabren Realität geworden sind. Nach Spengler ist es das Schicksal aller großen Kulturen, daß sie an ihrer Intellektualität und Rationalität zugrunde gehen. Die Erfüllung dieses Schicksals beginne damit, daß man der Technik überdrüssig werde, sich naturnäheren und einfacheren Lebensformen zuwende, das organisierte Leben in den großen Städten meide und statt dessen in primitivere Lebensformen oder gar Erdteile flüchte, sogar in das Landstreichertum und zuletzt in den Selbstmord. Vor über einem halben Jahrhundert hat Spengler den Nord-Süd-Konflikt, eines der Hauptthemen unserer Zeit, ebenso vorausgesagt wie etwa, daß sich das Auto durch seine Massenhaftigkeit um seine Wirkungen bringe, daß unzählige Tierarten fast oder ganz ausgerottet würden oder daß eine künstliche Welt die natürliche durchsetze und vergifte. Der Untergang der Kultur ist nach Spengler eine zwangsläufige Folge der Zivilisation. Nur noch Träumer könnten an Auswege glauben. Deshalb sei es die Pflicht des einzelnen, ohne Hoffnung auszuharren: Optimismus ist Feigheit!

Tatsächlich signalisieren viele Anzeichen den Verfall unserer Kultur und bestätigen damit Oswald Spenglers hellsichtige Prognosen für unsere Zeit. Dennoch bedeutet dies nicht, daß sich damit auch sein Gesamtkonzept bestätigt — daß Optimismus Feigheit ist. Viele Wissenschaftler unserer Zeit sehen uns vielmehr im Mittelpunkt erheblicher Umwälzungen, die den Anfang einer ganz neuen Epoche in der

Geschichte der Menschheit bedeuten könnten. Viele von ihnen sehen im Umbruch zum sogenannten „postindustriellen Zeitalter" sogar eine Chance, der Zwangsläufigkeit „des Untergangs des Abendlandes" zu begegnen, so beispielsweise Erich Fromm in „Haben oder Sein", Rolf Breitenstein in „Die große Hoffnung", Servan-Schreiber in „Die totale Herausforderung", Hermann Kahn in „Die Zukunft der Welt", Alvin Toffler in „Die Zukunftschance" oder zuletzt Carl-Friedrich von Weizsäcker in „Der Garten des Menschlichen". Aus ähnlicher Sicht ist auch den Thesen des Club of Rome über die „Grenzen des Wachstums" schon 1979 vom „Verein für Socialpolitik" in der „Mannheimer Botschaft" energisch widersprochen worden: Die Ressourcenknappheit sei weniger ein kritisches Mengenproblem als vielmehr ein Anpassungsproblem. Denn in weltweitem Rahmen seien theoretisch alle materiellen Probleme lösbar, wenn nur die Menschen die moralische Kraft hätten, sich dieser ethischen Fragestellung zu widmen.

Bedauerlicherweise ist gerade bei denen, die den technischen Fortschritt ersinnen, die Neigung nicht sehr ausgeprägt, sich mit den ethischen Aspekten des Fortschritts zu beschäftigen. Daß technische Innovation und Menschenwürde unterschiedlichen Denkkategorien entspringen, wird vielfach nicht bewußt. So gestaltet die Technik unseren Weg durch Welt und Zeit immer besser, macht sie uns das Leben leichter, baut sie körperliche Arbeit ab, doch fragen wir viel zu selten, wohin uns alle diese glatten Lebensstraßen führen. Nur wenige Protagonisten des technischen Fortschritts stellen sich etwa mit Albert Camus, dem humanen Existentialisten, die Frage: Welchen Sinn hat unser Tun, was soll das alles? Schon Einstein hat in diese Richtung gewiesen mit seiner brillanten Formulierung, wir lebten in einer Zeit der Vollkommenheit der Mittel, aber verworrener Ziele. Und in die gleiche Richtung weist Werner Heisenberg, wenn er den Weg der Menschheit in die Zukunft mit der Lage eines Kapitäns vergleicht, dessen Schiff über hervorragende technische Einrichtungen verfügt, dessen Eisenmasse aber so stark ist, daß die Nadel des Kompaß immer nur auf das eigene Schiff zielt und niemals nach Norden. Mit einem solchen Schiff ist man schutzlos Wind und Wellen ausgeliefert, kann niemals einen Hafen erreichen, sondern fährt immer im Kreis herum. Die Pointe solcher Aussagen liegt wohl darin, daß nicht die Ambivalenz des Fortschritts das Problem unserer Zeit ist, sondern die Zweideutigkeit des Menschen selbst. „Es wäre albern", sagt Thielicke, „die Technik zu verteufeln, indem man so etwas wie eine mythische Potenz des Bösen aus ihr macht. Die Technik ist nicht als Blitzableiter für unsere Lebensprobleme zu mißbrauchen, der Mensch vielmehr, in dessen Wesen dies alles begründet ist, bildet das Problem. Der Mensch selbst ist das große Fragezeichen der sogenannten modernen Welt . . . Hat er Gott verloren und ist er mit der schwarzen Wand des Nichts konfrontiert, dann zeigt sich dieser sein Zustand bei der technischen Zivilisation nur in gigantischem Maßstab, gleichsam auf eine riesige Leinwand projiziert. Als Verlorenheit in der Masse etwa, als Hilflosigkeit inmitten gesellschaftlicher Zwänge, als Seelenlosigkeit in seinem Ausgeliefertsein an anonyme Apparaturen."

In einer solchen Situation hilft die These Oswald Spenglers „Optimismus ist Feigheit" nicht weiter, sondern eher die Erkenntnis, daß wir in unserer hochinteressanten Zeit, vielleicht auch an der Schwelle neuer Formen gesellschaftlichen Lebens, unsere Aufgabe der Mitgestaltung nur erfüllen können, wenn wir sowohl „Mut zum Optimismus" haben als auch den Mut und die Überzeugung, diesen zu verbreiten. Freilich darf ein solcher Mut berechtigte Technikkritik, die sich aus der Sorge vor einem übersteigerten, verschwenderischen Umgang mit unwiederbringlichen Ressourcen oder aus einem gesundheitsgefährdenden und umweltzerstörenden Fortschritt speist, nicht ausschließen. Tatsächlich sind Angst und Mißtrauen gegenüber der Technik keine neuartigen Phänomene unserer Zeit. Schon in den frühesten Mythen wird der Techniker als „Verbrecher" vorgestellt: Prometheus, der den Göttern die für Menschen lebenserhaltenden Güter entwendete und dafür von Zeus grausam bestraft wurde, oder Ikarus, der mit seinem Fluggerät der Sonne zu nahe kam und seine Hybris mit dem Sturz ins Meer bezahlte. Seit jeher liegen Freiheit und Begrenzung, Hoffnung und Bedrohung durch Technik und Fortschritt eng beisammen. Sogar das Wort Techne selbst bedeutet im Griechischen nicht nur „Kunstwerk", sondern auch „List, Kriegsfalle", und das Verb technao meint nicht nur, etwas „künstlich anfertigen", sondern auch „sich verstellen, heucheln".

In neuerer Zeit ist das latente Mißtrauen gegenüber dem technischen Fortschritt vor allem von Rousseau zu einem geradezu philosophischen System kultiviert worden. Seine Kulturkritik gipfelt in der eindringlichen Beschwörung der Risiken des Daseins und der Sehnsüchte zurück zum Mutterschoß der Natur. Ursache allen Verfalls ist für ihn das naturwissenschaftlich-technische Denken, an dessen Stelle Rousseau das Gemüt, das Mitfühlen und das zwischenmenschliche Verstehen setzt. Mit Rousseaus Worten sprachen später — ohne daß ihnen dies vielleicht immer bewußt gewesen sein mag — Romantik, Sturm und Drang, auch die Jugendbewegung, in den späten sechziger Jahren unseres Jahrhunderts auch die Studentenbewegung und zuletzt die „Friedensbewegung" oder Teile der „Grünen". Auch die erzählende Literatur unserer Zeit zehrt in gewisser Weise von Rousseaus Erbe. Sofern die Technik nicht überhaupt als ungeeignetes Objekt für künstlerische Auseinandersetzungen verstanden wird, wird sie überwiegend abwertend kritisiert, etwa von Böll, Grass, Walser, auch von Thomas Mann und Franz Kafka, auch von A. Huxley oder G. Orwell.

2. Wer kann technische Innovationen noch verantworten?

Besonnene Kritiker des technischen Fortschritts sind sich freilich seit langem darin einig, daß es kein Zurück in eine technikfreie Zeit mehr geben kann, wenn wir unser Dasein nicht bis zur Unerträglichkeit erschweren wollen. Nur kommt uns diese Erkenntnis angesichts der atemberaubenden Geschwindigkeit, mit der sich der technische Fortschritt vor allem im letzten halben Jahrhundert vollzogen hat, in seiner ganzen Tragweite immer deutlicher ins Bewußtsein. Seit den vierziger Jahren unseres Jahrhunderts brachte jedes Jahrzehnt mindestens eine neue technische Sensation: Zunächst die Kunststoffe, dann in den fünfziger Jahren die Elektronik und die Transistoren, in den sechziger Jahren die Computer, in den siebziger Jahren die Mikroprozessoren, in den achtziger Jahren die Gentechnologie, und zwischen diesen Sensationen gelang die Atomspaltung im Kernreaktor und vollzog sich die Entwicklung der Weltraumtechnik. Zugleich wuchs die Verantwortung der Techniker und ihre Verpflichtung zur Sicherung eines menschenwürdigen Daseins dieser und kommender Generationen ins geradezu Unermeßliche.

Dafür liefert gerade die Atomspaltung ein anschauliches Beispiel. Erinnern wir uns der fünfzehn Milliarden Jahre unseres Planeten, so waren hiervon sechs Milliarden Jahre zur Entstehung des Sonnensystems notwendig, fünf Milliarden Jahre zur Entstehung des Planeten Erde und weitere drei Milliarden Jahre zur Entstehung von „Leben" auf der Erde. Noch drei Millionen Jahre waren dann zur Entstehung von menschlichem Leben notwendig, und wenn vor fünfhunderttausend Jahren die Verdoppelungsrate der Population vielleicht einhunderttausend Jahre betrug, so liegt sie heute schon bei dreißig Jahren. Zehntausend Jahre waren schließlich für die Entstehung menschlicher Zivilisation vonnöten, seit achttausend Jahren betreiben die Menschen Ackerbau und Viehzucht, werden sie seßhaft und bauen sie Städte. Vor zweihundert Jahren begann die industrielle Revolution, und die letzten zwanzig Jahre reichten aus, um die gesamte Menschheit an den Rand der Selbstzerstörung zu bringen.

Bleiben wir bei diesem Maßstab: Die menschliche Zivilisation ist also kaum achttausend Jahre alt, die Halbwertszeit von Plutonium 239 beträgt dagegen bereits vierundzwanzigtausend Jahre. Plutonium 239 fällt bei jeder nuklearen Installation an, sei sie friedlicher oder kriegerischer Natur. Ein Milligramm dieses toxischen Abfalls eingeatmet führt bereits innerhalb von Stunden zum Tode, eintausendstel Milligramm führt mit einiger Gewißheit zu Lungenkrebs. Nach vierundzwanzigtausend Jahren ist noch die Hälfte dieses kritischen Abfallprodukts vorhanden, nach achtundvierzigtausend Jahren ist es noch ein Viertel und nach sechsundneunzigtausend Jahren immer noch ein Achtel und damit immer noch zuviel, wobei niemand weiß, wo und wie Plutonium 239 heute sicher abgelagert oder wiederverwertet werden kann. Die Zeit, innerhalb derer sich die Strahlkraft des Nuklearabfalls auf ein Achtel verringert, ist also zwölfmal größer als die Zeit, die zur Entstehung der menschlichen Zivilisation benötigt wurde. Wer kann in diesem Maßstab Verantwortung übernehmen?

Ob eine sichere Ablagerung oder Wiederverwertung ein Problem darstellt, kann der Laie nicht beurteilen. Er ist auf Vertrauen angewiesen, daß die Experten schon den richtigen Weg finden werden. Aber er ist zugleich auch auf die Hoffnung angewiesen, daß die Entscheidenden

ihre Verantwortung erkennen und ernst nehmen und danach handeln.
Beides, Vertrauen und Verantwortung, sind entscheidende Vorbedin-
gungen zum Bewältigen des technischen Fortschritts, auf beide müssen wir unsere Hoffnung richten, daß der technische Fortschritt nicht
eines Tages seine Kinder auffrißt, daß er uns nicht unserer Freiheit
und unserer Existenz beraubt, sondern im Gegenteil ein Garant der
Menschenwürde bleibt. Die Aktivseite der Bilanz der technischen Entwicklung ist zweifellos eindrucksvoll, doch auch auf der Passivseite
schlagen sich bedrückend die fortschreitende Technisierung und die
Enthumanisierung unseres Lebens nieder. Gewiß wirken sich dabei
der Mißbrauch der Technik oder doch zumindest die Gefahr von Fehl-
entwicklungen und Beeinträchtigungen der Umwelt und Lebensquali-
tät ganz unmittelbar aus, aber die Menschen ängstigt auch der fortschreitende Verlust an Anschaubarkeit der Technik.

3. Zum Wesen des technischen Fortschritts

Wieweit dieser Verlust an Anschaulichkeit bereits fortgeschritten ist,
wird uns in seiner ganzen Tragweite erst deutlich, wenn wir uns an
jene Bewußtseinssprünge erinnern, die die Menschheit bis zum heutigen Stand der Technik hat vollziehen müssen. Drei Zäsuren sind
dabei, wie Sachsse anschaulich beschrieben hat, besonders zu
markieren:

Die ersten Jahrtausende menschlicher Zivilisation waren vom Kampf
des Menschen gegen eine ihm feindlich gegenüberstehende Natur
geprägt. Vor etwa achttausend Jahren — mit dem Übergang des Menschen vom Sammler zum Bauern — vollzieht sich ein erster erheblicher Bewußtseinssprung: An die Stelle einer „Hand-in-den-Mund-
Lebensweise" tritt die Einsicht in die Notwendigkeit der Vorsorge und
des Wartens. Und auch das Verhältnis des Menschen zur Natur verändert sich: Sie ist nicht mehr sein Feind, den es zu bekämpfen gilt, sondern sie wird zum Leitbild des Lebens, indem man ihr folgt und sie dadurch besiegt. Beispielhaft für dieses neue Verhältnis zur Natur ist die
Einsicht in die Notwendigkeit von Enthaltsamkeit: Der Nomade ist es
gewohnt, das Gesammelte zu verzehren, aber der Bauer muß einen
Teil seiner Ernte wieder der Erde anvertrauen, damit sie im kommenden Jahr um so reichere Frucht bringt.

Der zweite große Bewußtseinssprung ist durch den Einsatz der Wissenschaft von der Natur — also der „Naturwissenschaft" — für die menschliche Zivilisation und den technischen Fortschritt gekennzeichnet. Nun verliert die Natur auch ihre Rolle als Leitbild des Lebens. Sie ist nur noch das Material, das für die Verwirklichung des technisch Machbaren notwendig ist. Im gleichen Maße, in dem die Natur ihre Rolle als Leit- und Vorbild einbüßt, verliert auch die Technik an Anschaulichkeit, Transparenz und Verständlichkeit. Schon die Vorstellung etwa von Kopernikus, daß sich die Erde nicht nur um sich selbst drehe, sondern sich auch noch mit einer unvorstellbaren Geschwindigkeit von einhunderttausend Stundenkilometern durch einen unbegrenzten Weltraum um die Sonne bewege, mußte seinen Zeitgenossen ganz unvorstellbar bleiben — und noch viel unbegreiflicher ist uns heute die abstrakte Logik mathematischer Modelle oder der Quantentheorie, die auf Anschaulichkeit grundsätzlich verzichten. Mit dem Verlust der über Jahrtausende hinweg bewährten optischen Anschaubarkeit des Daseins, mit dem Verlust an Transparenz und Vorhersehbarkeit der Dinge, schwinden die Voraussetzungen für ein Erkennen und Übernehmen von Verantwortung. Dies wird uns in einer Zeit, in der die Lebensbedingungen wie nie zuvor technisch machbar geworden sind und in der deshalb die Verantwortung ins Unermeßliche steigt, immer schmerzhafter bewußt. Hinzu kommt die Erkenntnis, daß es dabei nicht allein um die Verantwortung für einzelne, mehr oder weniger herausragende Maßnahmen des technischen Fortschritts geht, sondern vielmehr um die Verantwortung des Menschen für seine gesamte Existenz überhaupt, ja sogar für die Existenz kommender Generationen.

Mit der Einbeziehung der Zukunft in die Realität unseres Lebens vollzieht sich ein dritter Bewußtseinssprung, den wir gegenwärtig erleben und dessen Bewältigung uns bislang kaum gelungen ist. Unsere immer weitergehenden Möglichkeiten zur technischen Machbarkeit unseres Lebens und unserer Welt geben der Dimension „Zeit" in all unseren Überlegungen ein völlig neues Gewicht: Pflegte der Wildbeuter noch von der Hand in den Mund zu leben und mußte der Bauer bereits für ein ganzes Jahr Vorsorge betreiben, so besteht unsere Aufgabe heute in der Sorge um kommende Generationen. Dieses Sorgen um die Zukunft wird nicht ohne Verzicht abgehen können, und zwar zu Gunsten von Verhältnissen, die wir mit Sicherheit selbst nicht mehr erleben werden, und von Generationen, deren Lebensvorstellungen und Lebensansprüche wir nicht einmal erahnen können. Wie wenig Übung wir in der Bewältigung einer so anspruchsvollen ethischen und intellektuellen Aufgabe bislang haben, zeigt unsere wenig ausgeprägte Bereitschaft, schon auf die Befriedigung eigener Wünsche zu verzichten. Die beharrliche Ablehnung von Geschwindigkeitsbeschränkungen, das Verdrängen der erhöhten Unfallrisiken durch den größeren Spaß am schnellen Fahren oder die Zunahme des Zigaretten- und Alkoholkonsums auf Kosten der Gesundheit — all das zeigt doch deutlich, wie sehr wir die rasche Erfüllung unserer Wünsche dem „langfristigen Heil" vorzuziehen bereit sind. Wohl nicht zuletzt deshalb stoßen die Forderungen des Umweltschutzes auf ein so breites Echo, weil die meisten von uns geglaubt haben, sie seien ohne eigenen Verzicht zu verwirklichen: „Jemand anders wird das schon bezahlen...".

4. Zur Verantwortung für den technischen Fortschritt

Wie aber lassen sich nun bei zunehmendem technischem Fortschritt unsere Freiheit und Menschenwürde bewahren? Wie kann vor allem der Ingenieur als Mitschöpfer und Mitgestalter des technischen Fortschritts seine Verantwortung erkennen und tragen, wenn ihm der Mangel an Transparenz und Vorhersehbarkeit den Blick auf die Folgen seines Tuns unmöglich machen? Und um wieviel schwerer wird dies Übernehmen von Verantwortung dem Anwender fallen, sei er nun Politiker, Ökonom, Arzt — „jedermann"? Aber gerade diese uns so aussichtslos erscheinende Aufgabe ist uns heute dringender denn je aufgegeben. Die Geschwindigkeit technischen Fortschritts und seine Folgen für unsere und zukünftige Zeiten erlauben es uns nicht, diesen Prozeß als gleichsam naturwüchsig hinzunehmen und sich selbst zu überlassen. Auch wenn wir bislang keine befriedigenden Lösungen gefunden haben und viele von uns entmutigt sind, sind wir nicht zur Kapitulation berechtigt — wäre Pessimismus Feigheit.

Wenn in diesem Zusammenhang von Verantwortung die Rede ist, so bedarf es einer Präzisierung, was damit gemeint ist. Denn Verantwortung hat heute einen durchaus zwiespältigen Inhalt: Suchen beispielsweise Öffentlichkeit und Presse den „Verantwortlichen", so geht es meist um den Schuldigen, sucht man indessen einen erfahrenen Mitarbeiter für eine „verantwortliche Position", so erwartet man von dieser Position, daß sie mit besonderen Machtbefugnissen ausgestattet ist. Neben Mitmenschen, die nach Verantwortung streben (worunter sie dann Einfluß und Macht verstehen), kennen wir solche, die die Verantwortung meiden, weil sie sich kritischen Fragen oder am Ende der Bestrafung entziehen wollen.

Offensichtlich ist Verantwortung also eine wichtige ethische Kategorie — man hat sich zu verantworten für sein Tun, für seine Entscheidungen ebenso wie für die Folgen seiner Entscheidung. Freilich kann man dabei darauf verweisen, daß man zu seiner Tat gezwungen wurde, also nicht frei in seiner Entscheidung war, vielleicht erpreßt worden ist und gar keine andere Wahl hatte, aber man kann auch geltend machen, daß man die Folgen seiner Entscheidung damals nicht hatte voraussehen können. Hans Sachsse hat drei wichtige Voraussetzungen für das Erkennen und Übernehmen von Verantwortung genannt:

1. Die Entscheidung muß Folgen gehabt haben. Je folgenreicher eine Entscheidung war (und je mehr Macht derjenige hatte, der diese Entscheidung zu fällen hatte), um so größer ist die von ihm zu übernehmende Verantwortung. Wer keine Macht besitzt (also ohnmächtig ist), hat auch nichts zu verantworten.

2. Der Verantwortliche muß in seinen Entscheidungen frei von Zwang handeln. Er muß die Wahl unter verschiedenen Alternativen haben. Entscheidet er aber unter Zwang, so ist er nur ein Glied in einer Kausalkette und letztlich nicht der Entscheidende. Die Verantwortung trägt dann ein anderer, der noch mächtiger ist.

3. Der Entscheidende muß die Folgen seiner Entscheidung voraussehen können. Für das, was man nicht hat wissen können, kann man auch keine Verantwortung übernehmen. Freilich liegt die Betonung

hier auf „können": „Das ist deine Schuld, das hättest du wissen können", sagt der Vater seinem Kind. Entscheidend für die Verantwortlichkeit ist also nicht das aktuelle Wissen, sondern vielmehr das zumutbare Wissen. Insofern kann man nicht nur für sein Wissen, sondern ebenso auch für sein Nichtwissen verantwortlich gemacht werden — eine Feststellung, der sich bei der Bewältigung unserer Nachkriegsgeschichte mancher verschlossen hat. Natürlich kommt es hier darauf an, daß die Voraussetzungen der Voraussehbarkeit und auch des Anderskönnens erfüllt sind.

Unter diesen drei Voraussetzungen für die Verantwortlichkeit steht die intellektuelle Forderung, sich zumutbares Wissen anzueignen, heute zweifellos im Vordergrund. Denn erst das Erwerben des notwendigen Urteilsvermögens liefert ja die Basis für verantwortliche Entscheidungen in dem Bereich, in dem sich eben nur der einzelne noch auskennt. Ist aber dieses Wissenkönnen die wichtigste Voraussetzung für verantwortliches Urteilen und Entscheiden, so könnte man folgern, daß — wie dies vor allem in den dreißiger Jahren sehr häufig geschehen ist — die anstehenden technisch-politischen Zukunftsentscheidungen in erster Linie von den Technikern selbst gefällt werden müßten. Denn der Techniker verfügt ja nicht nur über die beste Sachkenntnis, sondern sieht in der Regel auch sehr viel früher und zutreffender die anstehenden Probleme und kennt bereits den besten Weg zu ihrer Lösung. Die Sanktionierung der vom Techniker vorgeschlagenen Lösungen ist dann lediglich eine Folgeerscheinung der Politik. Bleibt diese Sanktionierung aus, so liegt dies weniger an der vom Techniker vorgeschlagenen Lösung als vielmehr am „dirty business" der Politik. In den Vereinigten Staaten von Amerika hat es in den dreißiger Jahren unter Führung von Howard Scott sogar eine ausgesprochene „Technokratiebewegung" (Technocracy Incorporation) gegeben, die als eine „Diktatur der Ingenieure" eine derartige wissenschaftlich-technische Regierungsform angestrebt hat.

Wir können heute kaum bestreiten, daß die technische Intelligenz in unseren politischen Beschlußgremien weit weniger Gewicht hat als ihrer tatsächlichen Rolle für den Weg dieser Gesellschaft in die Zukunft entspricht. Dies mag einen Grund in der sehr unterschiedlichen

Mentalität von Technikern und Politikern haben: „Ingenieure gehen nicht gerne in die Politik, Ingenieure beschäftigen sich lieber mit Naturwissenschaft und Technik als mit der Klärung und Koordinierung menschlicher Bedürfnise, Ingenieure haben deshalb häufig mehr Berufsfreude als andere Berufe" (nach Hans Sachsse). Dies mag aber auch daran liegen, daß sich technische Probleme eben leichter lösen lassen als etwas so Irrationales wie menschliche Wünsche. Folgt man aber der Technokratielehre, so hatte der Techniker nicht etwa den politischen Raum zu meiden, sondern ihn vielmehr ganz bewußt zu beeinflussen. Zwar beschränkte er sich auf den fachlichen Teil, für den er allein zuständig war, dabei aber usurpierte er auch politische Entscheidungen, wozu ihm sowohl sein Sachverstand als auch sein Sendungsbewußtsein (der „Auftrag der Gesellschaft") ermächtigten. Heutzutage suchen dagegen in der Regel die Techniker geradezu bewußt die fachliche Beschränkung, und nicht selten ist dies eine mehr oder minder deutlich erkannte Flucht vor der Verantwortung. Denn alles, was der Techniker tut, hat ja Folgen und muß deshalb auch von ihm (mit-)verantwortet werden. Jeder, der nicht die Folgen seines Tuns bedenkt und sich nicht immer darüber Rechenschaft ablegt, handelt insoweit fahrlässig.

Damit freilich wird eine weitere extreme Gegenposition zum Technokratiemodell, nämlich die des politischen Dezisionismus, angesprochen: Nun wird der Techniker, der aus der Verantwortung flieht, zum bloßen Erfüllungsgehilfen der Politik degradiert. Der Dezisionismus geht nämlich von der unzutreffenden Prämisse aus, daß es sich angesichts der wachsenden Kompliziertheit unserer Welt nicht mehr lohne, ihre Probleme rational anzugehen. Deswegen stelle sich die Zielfindung und die Zielverwirklichung allein als eine Aufgabe des gleichermaßen mit Entscheidungsfreude wie mit moralischem Verantwortungsbewußtsein begabten politischen „Machers" dar. Namhafte Staatsrechtslehrer haben indessen schon sehr früh darauf hingewiesen, daß auch das Dezisionismusmodell ebenso wie das Technokratiemodell eine Irrlehre ist.

Wenn unsere demokratischen Systeme überleben wollen, bedarf es sowohl bei Technikern als auch bei Politikern einer erheblich stärker ausgeprägten Bereitschaft zum gegenseitigen Lernen und Verstehen. Für den Techniker bedeutet dies ein stetiges Bemühen, sich mit den Begriffen und Fragestellungen anderer Disziplinen (etwa der Nationalökonomie, der Soziologie oder Philosophie) vertraut zu machen. Statt falschen Berufsstolzes bedarf er eines Sensus für andere Disziplinen, mit denen er gemeinsam Zusammenhänge darlegen und Problemlösungen entwickeln muß, so daß er tatsächlich auch die Folgen seines Handelns bedenken und erforschen kann. Es sei hier nicht verschwiegen, daß gerade bei Technikern einige dieser zur Kooperation geeigneten Wissenschaften — insbesondere die Soziologie — in nicht sehr gutem Ruf stehen. Dies ist vor allem darauf zurückzuführen, daß gerade die Soziologie in den letzten Jahrzehnten sehr stark von ideologischen, weltanschaulichen oder parteipolitischen Prämissen durchsetzt war, was ihr als Wissenschaft beträchtlich zum Nachteil gereicht hat. Politische Standorte sind durchaus respektabel, doch die Vermischung parteipolitischer Zielvorstellungen mit schlichten empirischen Sachverhalten, die für den Außenstehenden nicht mehr nachvollziehbar ist, stellt sich für die Klärung unserer Zukunftsprobleme als nicht sehr hilfreich heraus.

Kommunikation setzt also gegenseitiges Verständnis voraus, wozu auch gehört, daß man seinen eigenen Tätigkeitsbereich transparent zu machen versteht. Denn der die Zukunft gestaltende Ingenieur kann wohl kaum erwarten, daß seine Sicht dieser Welt respektiert wird, wenn er nicht einmal in der Lage ist, auch einem Laien gegenüber überzeugend zu argumentieren. Freilich werden die Techniker darauf weder in den Schulen noch in den Universitäten bislang zutreffend vorbereitet, ja schon in den Schulen werden heute Naturwissenschaften und Technik gegenüber der geisteswissenschaftlichen Ausbildung deutlich vernachlässigt. Vielleicht ist dies mit ein Grund für die Gabe der Geisteswissenschaftler, sehr viel besser argumentieren zu können als Techniker und Ingenieure. Freilich ist eine solche Forderung nach einer Ausbildung, die den Ingenieur rechtzeitig auf das Tragen von Verantwortung vorbereitet, nicht unumstritten, weil gelegentlich ein Abweichen von der Ausbildung des Ingenieurs zum exakten und sachbezogenen Denken zugunsten ideologischer oder politologischer Sachverhalte befürchtet wird. Indessen kann kein Zweifel bestehen, daß ein selbständiges Fällen von Entscheidungen ohne Erziehung zur Verantwortung nicht denkbar ist — und eine solche Erziehung müßte bereits auf der Schule beginnen, denn Verantwortung will gelernt sein.

An die Frage nach den Voraussetzungen, unter denen Verantwortlichkeit übernommen werden kann, schließt sich notwendigerweise eine zweite Frage an: Wem gegenüber trägt man Verantwortung? Da mag sich der Entscheidende seinem Nächsten — im Guten wie im Bösen — verantwortlich fühlen etwa nach dem Motto: „Ängstige deinen Nächsten wie dich selbst". Der Christ weiß sich in seinem Nächsten Gott verantwortlich. Unsere säkularisierte Ethik lehrt uns, jeder Mensch sei als letzter und entscheidender Instanz seinem eigenen Gewissen verantwortlich (das als private Instanz gegenüber dem Mitmenschen häufig genug versagt hat).

Schließlich weiß sich jeder an seinem Platz der Gesellschaft verantwortlich. Eine solche abstrakte Definition enthebt uns „erfreulicherweise" häufig der exakten Bestimmung, für was wir konkret verantwortlich sind und wem gegenüber. Wem aber keine konkrete Verantwortung zugerechnet werden kann, der kann auch keine Verantwortung gewissenhaft wahrnehmen — wer andererseits für alles verantwortlich sein soll, fühlt sich schließlich überfordert und ist am Ende ebenfalls für nichts mehr verantwortlich.

5. Keine ethische Bewältigung des Fortschritts ohne eine Restitution des Vertrauens

An dieser Stelle nun ist eine zweite Kategorie, die wie die Verantwortung für das Zusammenleben der Menschen unerläßlich ist, gründlicher zu beleuchten, nämlich das gegenseitige Vertrauen. Denn gerade bei schwindender Transparenz des technischen Fortschritts ist jeder einzelne zunehmend auf das Urteil anderer angewiesen, das er selbst nicht mehr zu überprüfen vermag. Ständig müssen wir uns Experten anvertrauen, die Fähigkeiten haben, die wir uns selbst niemals aneignen könnten — sei es der Arzt oder sei es der politische Repräsentant. Ihm geben wir selbst dann noch unsere Stimme, wenn wir mit der von ihm vertretenen politischen Richtung zwar unzufrieden sind, gleichwohl seiner Partei aber etwas mehr vertrauen als einer konkurrierenden Gruppierung. Fatalerweise müssen wir beobachten, daß gerade in unserer Zeit, in der wir durch den Fortschritt der Technik in zunehmendem Maße auf dieses Vertrauen gegenüber anderen angewiesen sind, immer mehr vor einem so „irrationalen" Gefühl wie Vertrauen gewarnt wird. In manchen Richtlinien unserer Schulen ist die Destruktion des Vertrauens fast zum Lernziel geworden — eine breite Erziehung zum Mißtrauen gefährdet aber immer nicht nur die Existenz des einzelnen, sondern auch diejenige der Gesellschaft. Freilich bedarf auch das Vertrauen der sorgfältigen Schulung. Denn gerade die deutschen Erfahrungen zeigen, wohin blindes, unüberlegtes oder auch erschlichenes Vertrauen führen kann.

Einer Restitution des Vertrauens das Wort reden bedeutet daher auch, die Frage zu beantworten, wie Vertrauen geschult werden kann, ja ob Vertrauen überhaupt lernbar ist. Offensichtlich ist Vertrauen ein Bestandteil individueller Lebenserfahrung, zu der es nicht allein der Einsicht in eigene Unzulänglichkeiten, der Bescheidenheit, der Toleranz und des Respekts gegenüber dem Urteil der Mitmenschen bedarf, sondern auch der Dankbarkeit für zuteil gewordene Hilfen und Belehrungen, vor allem aber auch eines gewissen Muts zur „ungeschützten Hingabe". Vor allem setzt Vertrauen die Bereitschaft zur Gegenseitigkeit voraus, denn Vertrauen wird nicht nur geschenkt, sondern muß auch erworben werden. Zweifellos liegt hier ein erhebliches Feld für alle mit der Persönlichkeitsentwicklung, Bildung und Erziehung der Menschen befaßten Institutionen, für die Schulen ebenso wie etwa für Universitäten oder Kirchen. Zwar gibt es in kleineren Gruppen von Wissenschaftlern oder Technikern eine wachsende Bereitschaft zu menschlicher Verbundenheit und zu Vertrauen, ansonsten aber hat es den Anschein, daß die Gesellschaft zwar über die Rasanz der technischen Entwicklung und die fortschreitende Machbarkeit unserer Lebensbedingungen tief erschrocken ist, aber weder den Mut noch die Fähigkeit zur Erneuerung des Vertrauens hat. Gerade hier liegt eine wesentliche Voraussetzung zur ethischen Bewältigung des technischen Fortschritts.

6. Technik — Feind oder Diener des Menschen?

Aus einer solchen Sicht hat Carl-Friedrich von Weizsäcker festgestellt: „Wir können technisch mehr, als wir gesellschaftlich, ethisch, politisch bewältigen." Die Bewältigung des technischen Fortschritts setzt freilich die Abwägung zwischen dem Wert und dem Un-Wert des technischen Fortschritts voraus — eine Aufgabe, die uns um so schwerer fällt, je mehr wir uns in dieser Zeit allgemeinen Wertepluralismus des Verlustes eindeutiger Orientierungssysteme bewußt werden. Denn ob die Technik auch in Zukunft als eine Bedrohung der Menschenwürde empfunden wird, hängt nicht zuletzt davon ab, ob die heutige und insbesondere die heranwachsende Generation auch den Mut und die Fähigkeit haben werden, Grundwerte — auch metaphysische — für sich selbst ernst zu nehmen und so der um sich greifenden Lebensangst zu begegnen. Bertrand Russel weist in dieselbe Richtung mit seiner Feststellung:

„Ich finde, viele Menschen in unserer gefährlichen Zeit scheinen verliebt zu sein in Elend und Tod, und sie werden geradezu ärgerlich, wenn man ihnen Hoffnung macht. Sie glauben, Hoffnung sei irrational, und sie sehen den Tatsachen ins Gesicht, wenn sie sich hinsetzen und fauler Verzweiflung frönen. Ich kann diesen Leuten nicht zustimmen. In unserer Welt die Hoffnung aufrechtzuerhalten, dazu braucht es Intelligenz und Energie. Und denen, die verzweifeln, fehlt es oft nur an der Energie."

Tatsächlich kann die Frage nach dem Sinn oder Un-Sinn des technischen Fortschritts nicht allein von der Wissenschaft beantwortet werden, sondern letzten Endes nur von denjenigen, die sich auch eine Antwort auf die Frage nach dem „Sinn des Lebens" zutrauen. Denn nicht die Technik bedroht unser Leben, sondern der Mensch, der die Technik mißbraucht. „Die Technik findet ihr Ethos in der dienenen Ehrfurcht vor der Rangordnung der Werte", hat Kardinal Höffner gesagt und hinzugefügt, „daß erst der Abfall von der sittlichen Ordnung die Technik zum Feind des Menschen macht". An der Restitution und Erhaltung einer solchen sittlichen Ordnung mitzuwirken ist eine Aufgabe und Verpflichtung für alle, die technische Innovationen ersinnen und die sie anwenden.

Literatur

Hans Sachsse: Die Verantwortung des Ingenieurs. In: Zeitschrift für Vermessungswesen, Nr. 11/1975, S. 535—547.

Hans Sachsse: Anthropologie der Technik. Vieweg Verlag Braunschweig/Wiesbaden, 1978 (insbes. S. 240—270).

Oswald Spengler: Der Mensch und die Technik. Beitrag zu einer Philosophie des Lebens. Beck, München 1931.

Helmut Thielicke: Der Fortschritt frißt seine Kinder (Festvortrag zum 75jährigen Bestehen des Deutschen Beton-Vereins am 9. 8. 73 in Berlin, Hrsg.) Berichtsband S. 50—66.

Joseph Cardinal Ratzinger

Technische Sicherheit als sozialethisches Problem

Daß ein Theologe über Fragen technischer Sicherheit spricht, mag zunächst merkwürdig und fachfremd erscheinen: Sicherheit als ein Faktor technischer Konstruktionen ist ein technisch zu lösendes Problem, für das nur der Techniker einen konkreten Beitrag leisten kann; man könnte freilich sofort hinzufügen: Daß Sicherheit als technisches und technisch zu lösendes Problem auftritt, liegt daran, daß zuvor Sicherheit sich als ethische Aufgabe an die Technik stellt. So wird an dieser Stelle die ganz allgemeine Frage nach der Zuordnung von Ethik und Technik greifbar.

In der ersten Phase der neueren technischen Entwicklung schien sie sich kaum zu stellen. Das Können galt ganz von selbst als ein Dürfen, ja, ein Müssen, das nicht von außen her — durch „sachfremde" moralische Einwendungen — begrenzt werden durfte. Technik rechtfertigte sich als Verwirklichung menschlichen Könnens und menschlicher Freiheit selbst. Den Geist frei anzuwenden bis an die Grenze seines Vermögens und ohne eine andere Grenze als diese, eben das erschien demgemäß als die Weise, in der sich das sittliche Wesen des Menschen darstellt. Sich selbst zu vollziehen, seine Freiheit, die Freiheit des Erkennens und des Handelns aus Erkennen heraus ohne Tabu und Verbot, das war die neue Sittlichkeit. Diese sollte ja gerade Emanzipation aus den uralten, als Moral verkleideten Zwängen und Ängsten in die Autonomie des rein der Logik der wissenschaftlichen Aufklärung verpflichteten Menschen sein. Technik und Physik hatten sozusagen die Ethik in sich hinein absorbiert. „Das wissenschaftlich-technische Denken vermag uns in der Tat von der Herrschaft zu befreien, die die Natur über uns ausübt, insoweit es uns nämlich zur Herrschaft über die Natur verhilft . . . Die traditionelle, an den Begriffen gut und böse orientierte Sittlichkeit hat diese Befreiung nicht zu

24

leisten vermocht. Sie verblaßte angesichts der Leuchtkraft der Wirklichkeit dieser Befreiung, erschien dann überflüssig und schließlich hinderlich und ‚reaktionär'. Die Befreiung selbst erschien als neue Sittlichkeit; die wissenschaftlich-technische Aufklärung wurde identisch mit Aufklärung überhaupt gesetzt."[1])

In der zweiten Hälfte des 20. Jahrhunderts wurde dann aber zusehends spürbar, was Horkheimer und Adorno die „Dialektik der Aufklärung" genannt haben[2]); man begann die Bedrohung von Mensch und Welt durch die Technik zu erfahren. Die Abhängigkeit des Menschen von großen technischen Systemen hatte die Abhängigkeit von zentralen Verwaltungen und damit zugleich die Ohnmacht des einzelnen, seine Einbindung in undurchschaubare und unentweichliche anonyme Herrschaftssysteme nach sich gezogen, gegen die sich nun immer stärker ein Aufschrei der Empörung richtete: Moral, die zuvor mit Technik identisch geworden war, kehrte sich nun unvermutet gegen diese. Unsere Situation besteht heute überraschenderweise darin, daß der Technik die Moral abgesprochen wird und daß allein die moralische Empörung als sittliches Verhalten erscheint, das nun der Technik die Maße vorgibt oder sie auch gänzlich verdammt. Die große Verweigerung oder das „Aussteigen" bieten sich als die neuen Verhaltensweisen an.

In dieser Situation wird die Frage nach der Moral des Technischen und nach der Technik als moralischer Kunst zur Überlebensfrage: Die totale Identifikation von einst ist zerbrochen, die im übrigen von einer vorgängigen totalen Trennung ausging, insofern die bisherige Moral als für die Technik unerheblicher unaufgeklärter Rest aus dem Kalkül ausgeschieden worden war. Die neuerliche Wiederherstellung totaler Trennung unter umgekehrten Vorzeichen kann nur zeigen, wie dringlich es ist, den Trennungs- und Identifikationsmodellen entgegen (die

---

[1]) M. Kriele, Befreiung und politische Aufklärung. Freiburg 1980, S. 76 f. Kriele arbeitet eindrucksvoll die zerstörerischen Konsequenzen der Gleichsetzung von ethisch-politischer und wissenschaftlich-technischer Aufklärung heraus und begründet den Eigenrang, ja den Vorrang der sittlichen vor der technischen Aufklärung: „Der ‚Keim zum Rückschritt' liegt aber nicht im wissenschaftlich-technischen Denken an sich. Er liegt vielmehr in der Umkehrung dieses Primats, also in einem Herrschaftsanspruch des wissenschaftlich-technischen Denkens über die Sittlichkeit, der sich bis zur restlosen Aufsaugung aller Moralität steigern kann" (S. 76).

[2]) M. Horkheimer/Th. Adorno, Dialektik der Aufklärung. Amsterdam 1947, Neudruck Frankfurt 1969; vgl. dazu kritisch M. Kriele, a. a. O., S. 72—78; R. Spaemann, Die christliche Religion und das Ende des modernen Bewußtseins. In dieser Zeitschrift 3/79, S. 251—270, bes. 268 ff.

letztlich identisch sind und sich gegenseitig hervorrufen) eine verantwortete Synthese von praktischer und theoretischer Vernunft, von ethischer und wissenschaftlicher Aufklärung zu suchen. Der Fragebereich „Sicherheit" bietet sich als Ansatz dafür an, weil ja die aufgebrochene Urangst vor der zerstörerischen Unsicherheit moderner Technik unmittelbar den Anhaltspunkt für die oben beschriebene Kehre der Beziehungen zwischen Ethik und Technik in der zweiten Hälfte des 20. Jahrhunderts geboten hat.

1. Das Thema „Sicherheit" als Frage nach der Struktur des Sittlichen in der ethischen Tradition

Wenn man freilich an die klassische Ethik mit der Frage herantritt, was sie zum Thema Sicherheit zu sagen habe, so stellt man fest, daß das Problem nicht als sittliches Problem technischen Könnens gestellt wurde, weil es als solches nicht bestand (obgleich natürlich bei Brükkenbauten oder Kathedralbauten und dergleichen erhebliche technische Sicherheitsprobleme auftraten, die aber doch von anderer Qualität waren als die unsrigen, wie zu zeigen sein wird). Man wird ferner feststellen, daß die Frage nicht sozialethisch, sondern individualethisch, als ein Grundproblem ethischer Prinzipienlehre, entwickelt wurde.

Werfen wir trotzdem einen kurzen Blick auf diese Zusammenhänge, die immerhin ein Grundgefüge von Wertungen zeigen, das für die Frage wichtig bleiben kann. Da ist es zunächst von Interesse, daß das kirchliche Lehramt sich veranlaßt sah, im 17. Jahrhundert eine Lehrmeinung über die Grundorientierung moralischen Handelns zu verurteilen, die unter dem Titel Tutiorismus in die Geschichte eingegangen ist. Sie besagt, daß der Mensch in seinen Entscheiden sich an den gegebenen Gesetzen orientieren und dabei je das am sichersten dem Gesetz Entsprechende wählen müsse. Das bedeutet: Nicht die Sachgemäßheit, sondern die positivistische Sicherheit der Orientierung am Gesetz entscheidet. Eine solche Auffassung, die den Menschen völlig an einen fremden Willen — denjenigen des Gesetzgebers — bindet und ihm die eigene sittliche Einsichtsfähigkeit im Grunde abspricht, wurde vom kirchlichen Lehramt als dem christlichen Menschenbild, der Eigenverantwortung der sittlichen Vernunft und der Sachlichkeit ihres Entscheidens entgegengesetzt abgelehnt — allerdings mit dem Vorbehalt, daß bei der Gültigkeit der Sakramentenspendung (wo das fremde Heil auf dem Spiel steht) und bei der pflichtgemäßen Sicherung fremder Rechte der Tutiorismus angebracht sei.[3]) Hier zeichnet sich eine durchaus wegweisende Balance der Gesichtspunkte ab: Der Mensch kann einerseits nicht über das Heil des anderen und über dessen Rechte verfügen und ist so in seinem eigenen Wagnisrecht, wo es den anderen zentral angeht, begrenzt; hier wird „Sicherheit" zu einem zentralen Gesichtspunkt. Umgekehrt aber kann Sicherheit nicht zur bestimmenden Grundform des menschlichen Ethos überhaupt werden, weil der Mensch, der nichts mehr wagt, sondern nur noch sich festhält und schützt, gerade dem sittlichen Anspruch seines Wesens entgegenhandelt, das auf Entfaltung der Gaben, auf ein Sich-Geben und damit auch auf ein Sich-Wagen hingeordnet ist und erst darin sich selbst findet.

Die gleiche Grundorientierung zeigt sich auch in der von der christlichen Tradtion weitergeführten antiken Tugendlehre, für die der Gedanke bestimmend ist, die Tugend, das heißt das sittlich angemessene Handeln des Menschen, stelle jeweils ein Mittleres dar zwischen Übermaß und Verweigerung, wobei diese *Medietas*, das In-der-richtigen-Mitte-Sein, nicht zu verwechseln ist mit *Mediocritas*, mit lauwarmer Mittelmäßigkeit, die einfach unterhalb des dem Menschen zugemessenen Anspruchs bleibt. Die Mitte kann durchaus ein Maximum, ein Gipfelpunkt sein, aber eben ein solcher, der zwischen zwei Abgründen als der tragfähige Schwerpunkt der menschlichen Existenz gefunden wird. Tugend steht so einerseits der *Hybris* entgegen, der Maßlosigkeit, in der der Mensch sich ver-mißt; seine Wahrheit und die Wahrheit der Wirklichkeit verkennend versucht, ein Gott zu sein und, die Grenze seiner selbst und des anderen mißachtend, zum Zerstörer statt zum Hirten des Seins wird.[4]) Umgekehrt hat die Ethik der Wüstenväter als die gefährlichste Versuchung des Mönchs die *Acedia* herausgestellt, die Mutlosigkeit, die sich nichts zutraut und so zur

---

[3]) Vgl. dazu P. Hadrossck, Tutiorismus. In: LThK X 415 f.
[4]) Vgl. J. Pieper, Auskunft über die Tugenden. Zürich 1970.

Trägheit, zur Abstumpfung des Herzens wird, zur Verweigerung, die sich als Tugend tarnt (sich mit der Demut verwechselt), in Wahrheit aber als Seinsverweigerung auch Verweigerung des Ethos und so die eigentliche Absage an Gott und an den Menschen ist.[5])

Die Antike hat demgegenüber als die angemessene Haltung des Menschen die *Sophrosyne* herausgestellt, jene Vernünftigkeit, die das Maß des Menschen kennt, die Sachlichkeit, Rationalität, aber Rationalität mit dem Taktgefühl der sittlichen Verantwortung ist. Es erscheint mir wichtig, daß als die grundlegende Kardinaltugend, als der wesentliche Angelpunkt des Sittlichen, im antiken und im christlichen Tugendsystem die *Prudentia* („Klugheit") erscheint, das heißt die Sachlichkeit, welche freilich nicht im Sinn einer vom Menschen losgelösten Neutralität des Funktionalen, sondern als Blick für das dem Menschen Angemessene und für die Wahrheit der Dinge zu verstehen ist. Auch im christlichen Tugendsystem, in dem die *Caritas* zum eigentlichen Herzen des Sittlichen wird, bleiben die Kardinaltugenden (gegenüber der neuen Ordnung der göttlichen Tugenden) die grundlegende menschliche Basis und bleibt in diesem Sinn die humane Vernünftigkeit, das humane Maß der *Prudentia*, Angelpunkt des Sittlichen.[6])

2. Die neue Fragestellung in der Zuordnung von Mensch und Maschine

Durch das Auftreten technischer Systeme hat die menschliche Arbeit neue Dimensionen erhalten, die eine neue Dimension der ethischen, besonders der sozialethischen Fragestellung notwendig nach sich ziehen. Was könnte man unter ethischem Gesichtspunkt als das Neue und Wesentliche an der Maschine und den technischen Systemen bezeichnen, die das Zeitalter der Naturwissenschaft hervorgebracht hat? Mir scheint, es lasse sich in grober Skizzierung dreierlei herausstellen:

---

[5]) Vgl. G. Holzherr, Die Benediktsregel. Eine Anleitung zu christlichem Leben. Einsiedeln 1980, S. 105 f.; 206 f.
[6]) Vgl. J. Pieper, Das Viergespann. München 1964, S. 13–64; ders., Buchstabierungen. München 1980 S. 39–65; 109–130.

a) Der Mensch hat in der Maschine sozusagen seinen eigenen Geist, ja ein ganzes System geistiger Vorgänge deponiert, so daß es nun dort selbsttätig in der einmal geschaffenen Systemkette funktioniert und nicht je neuer Entscheidung bedarf, ja, einmal in Gang gesetzt, diese ausschließt. Das bedeutet: In dieser Übertragung des eigenen Geistes in den Apparat hinein wird die einmal gegebene Form des Handelns starr oder mit einer bestimmten, begrenzten Zahl von Varianten, die mitgegeben werden, multipliziert; nicht mitgegeben wird an die Maschine die Fähigkeit des jeweiligen neuen sittlichen Entscheids und seiner Hemmfunktionen angesichts veränderter Umstände. Das könnte eigentlich heißen, daß in der Maschine, die ja nicht freies, eigenes Entscheiden, sondern Reproduktion einer Systemkette menschlicher Einsichten über das Funktionieren der Naturgesetze darstellt, Tutiorismus in einem bestimmten Sinn angebracht ist.

b) Kennzeichnend für die technischen Systeme, die aus dem Zusammenhang maschineller Prozesse resultieren, ist die Zentralisierung menschlicher Leistungen, die einerseits den einzelnen davon entlasten, jeweils den ganzen Anspruchsbereich menschlichen Lebens selbst zu bewältigen und damit Spezialisierung wie Freiheit — auch in der Form von Freizeit — ermöglichen, andererseits aber eine allgemeine Abhängigkeit des nicht mehr für sich selbst aufkommenden einzelnen und der Gesellschaft insgesamt von den zentralisierten Leistungen schaffen. Es ist offenkundig, daß mit dieser Entmächtigung des einzelnen und mit der Abhängigkeit von den großen Systemen auch völlig neue Formen von Unfreiheit und Gefährdung des einzelnen hervortreten, der neue Formen der Verantwortung und der Freiheits- wie der Lebenssicherung entsprechen müssen.

c) Mit der verstärkten Beherrschung von Natur und Mensch durch die technischen Systeme geht auch ein tieferer Eingriff in das innere Gefüge des Kosmos und der ihn gestaltenden Energien Hand in Hand und damit ein Ausgriff in die Dimension der Zeit, in die Lebenswelt künftiger Generationen, der mit der Steigerung der Macht des Menschen auch entsprechend gesteigerte Weisen der Verantwortung vor der dem Menschen übergebenen Welt und vor dem Recht der anderen, besonders auch der kommenden Generationen einschließt. Gewiß wäre es gleichfalls hybrid, die Energiefragen der kommenden Generation jetzt schon lösen und deren Aufgaben jetzt schon tun zu wollen. Dies wäre eine Absage an die immer neue Erfindungsfähigkeit des menschlichen Geistes. Aber andererseits muß sozusagen die Rechtswahrung der noch nicht Geborenen immer auch ein Anliegen der je lebenden Generation sein.

Diesen drei unter ethischem Gesichtspunkt wesentlichen Eigentümlichkeiten der Maschine bzw. maschineller Systeme müssen demgemäß drei Weisen der Sicherheit entsprechen:

a) Die Verantwortung des Menschen verlangt, in der Maschine bzw. in den technischen Systemen nicht nur Funktionsfähigkeit herzustellen — in ihr also nicht nur *Ratio technica* zu deponieren —, sondern in ihr zugleich auch die Verantwortung für den Menschen, seine ethische Vernunft mit zu objektivieren. Das bedeutet: In ihr Funktionieren müssen auch jene Hemm-Mechanismen aufgenommen werden, die die Verantwortung des Menschen im Einzelfall sicherstellen würde. Nochmals anders ausgedrückt: Die *Ratio technica* muß die *Ratio ethica* in sich selbst aufnehmen, so daß von wirklichem Funktionieren erst gesprochen werden kann, wenn ein verantwortungsvolles Funktionieren gewährleistet ist. Dabei muß auf jene vernünftige Balance von Wagnis und Sicherheit geachtet werden, die grundsätzlich dem Wesen des menschlichen Handelns entspricht.

b) Je nach dem Grad der Abhängigkeit, den ein ganzes System erzeugt, und je nach dem Maß der Gefährdung, das es für eine große Gruppe von Menschen mit sich bringt, müssen auch die Anforderungen an den ethischen Gehalt der dort deponierten funktionalen *Ratio* wachsen.

c) Diese Hineinnahme der *Ratio ethica* in die *Ratio technica* muß des weiteren in Entsprechung stehen auch zu der jeweiligen Größe des Eingriffs in das Grundgewebe des Kosmos und in die Zukunft des

Lebens: Der Eingriff darf nie von der Art sein, daß er die Lebens-grundlage selbst auf die Dauer aufheben müßte. Auch hier gilt wie-der, daß zwischen Tutiorismus und *Hybris* das Maß der *Prudentia*, einer sittlich und human bestimmten Sachlichkeit walten muß, die die rechte Mitte und darin die eigentliche Höhe des Menschseins findet.

3. Sicherheit und Freiheit als Ausgangspunkt des technischen Tuns

Wenn heute Sicherheit in gewisser Hinsicht als Gegenprinzip zum technischen Fortschritt und als die von der Technik zu leistende Selbstbegrenzung ihres Tuns erscheint, so ist es nützlich zu erwä-gen, daß der Ursprung der Technik wesentlich im Verlangen des Men-schen nach Sicherheit gelegen ist. Der archaische Mensch erlebte die Natur nicht als die bergend-friedvolle Heimat, als das Unverbrauchte und Ursprüngliche, als das sie in der Perspektive städtischer Zivilisa-tionen mit ihrer Schäferpoesie und technischer Ballungsräume mit ih-rer ökologischen Romantik erscheint. Für ihn war vielmehr die Erfah-rung der Natur die Erfahrung des Unheimlichen und Bedrohlichen, die unverfügbare Gefährdung, in der unbekannte Mächte wirken, gegen die er sich auf vielerlei Weise zu schützen sucht. Der ganze Bereich magischer Ritualien ist das Bemühen, den gefahrvollen Mächten zu begegnen, auch wenn das Phänomen des Religiösen insgesamt ge-wiß nicht auf den Satz „Timor fecit deos" (die Furcht erschuf die Göt-ter) zurückgeführt werden kann.

Demgegenüber erscheint dann die Technik als die vernünftige Weise, den Menschen vor der gefährlichen Macht der Natur zu schützen und sie aus Bedrohung in die befriedete Heimstatt menschlicher Existenz zu verwandeln. Die Technik begegnet nicht dem Unbekannten mit ir-rationaler Beschwörung, sondern sie erkennt die Rationalität der Na-tur und fügt sie mit der Rationalität des Menschen zusammen. So tritt sie als die Befreiung des Menschen von der irrationalen Furcht auf, die sie durch eine rational gegründete Sicherheit gegenstandslos macht. Man kann demgemäß sagen, daß Technik ursprünglich als Weise der

Sicherung des Menschen entsteht, daß sie Befreiung als Gewährung von Sicherheit sein wollte und sollte: Der Mensch braucht das All nicht mehr zu fürchten, weil er es kennt und im Erkennen zu beherrschen weiß.

Technik war zunächst Bannung der Furcht, bis dann der unerwartete Umschlag kam, daß sie, die die Urgefahren des Menschen überwunden hatte, nun die neue — ihre eigene Gefahr freisetzte: die Gefahr der ungebändigten Macht des menschlichen Geistes, der nicht ethisch geformt ist. Das Werk des Menschen, das ihn sichern sollte, wird zur eigentlichen Gefahr des Menschen und der Welt zugleich. In einer merkwürdigen Paradoxie schlägt nun freilich auf einer veränderten Ebene die Gefährlichkeit der domestizierten Kräfte der Natur selbst wieder durch: Die bis auf ihren Grund hin in den Griff des Menschen genommene Natur zeigt jetzt dennoch ihre letzte Unbeherrschbarkeit, sie entgleitet der Hand des Zauberlehrlings, der — wo der Kreislauf des Machens und seiner unablässigen Progression einmal in Gang gesetzt ist — das rettende ethische Wort nicht mehr findet, das sein eigenes Werk anhalten könnte. Menschlicher Eingriff in die Natur und deren eigene Gewalt, die in dem Eingriff herausgefordert und freigelegt wurde, ergeben durch ihre gegenseitige Durchdringung einen neuen Typus von Gefahr, der weit über die archaischen Urgefahren hinausreicht und sie im Rückblick geradezu als idyllisch erscheinen lassen kann, so wenig sie es für den ihnen ausgelieferten Menschen waren.

Wenn es zutrifft, daß der innere Ausgangspunkt der Technik in der Erringung von Freiheit durch Gewähren von Sicherheit lag, so muß es von da aus auch die innere Forderung jeder technischen Entwicklung und ihr eigenes Leitmaß sein, sie so zu gestalten, daß daraus nicht größere Unsicherheit und in der Steigerung von Abhängigkeiten größere Unfreiheit entsteht. Sie wird dabei erkennen müssen, daß nicht (wie es anfangs aussah) technisches Tun als solches schon befreiendes und damit sittliches Tun ist, daß aber technisches Tun von sittlichen Maximen geleitet sein muß, um seinem eigenen Ursprung zu genügen, der in einer sittlichen Idee lag.

4. Die innere Einheit des individualethischen und des sozialethischen Maßstabs

Dieser notwendigen Dialektik der technischen Entwicklung kann freilich nur entsprochen werden, wenn der Mensch ganz allgemein die Dialektik der Aufklärung und des Fortschritts begreift, das heißt, wenn er Fortschritt nicht als unbegrenzt sich steigernde Anspruchsbefriedigung und Freiheitsgeschichte nicht als ständige Vermehrung äußerer Freizügigkeit mißversteht. Er muß einsehen, daß die Steigerung der äußeren Herrschaft über die Materie mit ihrer Gewährung einer größeren materiellen Sicherheit und Freiheit nur dann nicht in ihr Gegenteil, in eine fundamentale Seinsbedrohung des Menschen und der Welt umschlägt, wenn er sie nicht als ein Ziel in sich selbst betrachtet, sondern lediglich als Möglichkeit größerer innerer Freiheit und Verzichtsfähigkeit, die ihn erst zu sich selber führt. Mit anderen Worten: Wenn die Dialektik des Fortschritts nicht zu einem dialektischen Umschlag von Befreiung zu Zerstörung werden soll, dann muß sie als Dialektik des Umschlags von außen nach innen, von Freizügigkeit zu innerer Freiheit gelebt werden. Das bedeutet: Die Sicherheitsfrage, die mit dem Entstehen technischer Systeme aus einer individualethischen zu einer sozialethischen geworden ist, weist doch in einen gemeinsam verantworteten individualethischen Kern zurück, ohne den die sozialethischen Fragen nicht zu lösen sind. Das individuelle sittliche Gewissen und die persönliche sittliche Entscheidung ist durch nichts zu ersetzen. Auch hier gibt es eine Dialektik der Gegenseitigkeit, die wir in einer Art von technischem Kollektivismus allzu sehr verkannt haben, der den Menschen eigentlich bloß noch als System und in Systemen sehen wollte. Nur wenn in der rechten *Prudentia* und *Sophrosyne* das Spannungsgefüge von Wagnis und Verantwortung, von Erweiterung des Lebens und Annehmen der Grenze und Verzichtfähigkeit zum grundlegenden Kanon unseres Tuns wird, können wir die Problematik des Fortschritts bewältigen.

Anders ausgedrückt: Man kann nie nehmen, ohne zu geben. Den Ausbau der technischen Möglichkeiten im richtigen Gleichtakt mit der Entwicklung der je den neuen Möglichkeiten entsprechenden Sicherheit zu entwickeln, kostet etwas und verlangt eine Bändigung des reinen Herrschafts- und Gebrauchswillens. Aber es geht bei der Bewältigung des Fortschritts und insofern bei dem damit verbundenen Problem der Sicherheit um mehr als um ein bloßes Kosten-Nutzen-Kalkül. Es geht darum, den sittlichen Gehalt menschlichen Herrschens über die Erde im Herrschaftswissen und Herrschaftstun selbst zur Geltung zu bringen: Fortschritt des Menschen liegt nicht im Mehr-Haben, sondern nur im Mehr-Sein; Fortschritt, der nur zum Mehr-Haben führt, ist kein Fortschritt. Fortschritt darf nie einfach im Sinn des materiellen Mehr und erst recht nicht im Sinn der ethischen Ungebundenheit verstanden werden; er muß verstanden werden im Sinn des besseren Dienstes der Menschen füreinander, der tieferen Kommunikation und der Freiwerdung zum Eigentlichen, die ihrem Wesen nach Freiwerdung zum Verzicht und Freiwerdung von bloß materiellem Anspruch ist. Befreiung vom Sittlichen ist nicht Befreiung, sondern Entsicherung der Kräfte der Zerstörung; die wahre Sicherheit und Freiheit des Menschen besteht in der Herrschaft des Ethos: Diese innere Sicherheit des Menschen lehrt ihn auch die Wege zur rechten Weise äußerer Sicherung, und sie gibt ihm die Urteilsfähigkeit im Spannungsfeld von Sicherheit und Offenheit für die neuen Ansprüche der Wirklichkeit an sein Leben.

Ernst H. Plesser

Rentabilität und Humanität

Die Symbiose von Wettbewerbsfähigkeit und gesellschaftlicher Akzeptanz gehört in die kompositorische Zielvorstellung moderner Unternehmenspolitik

1. Die unterschiedlichen Konzepte der Gesellschaftspolitik und der darauf beruhenden Modelle einer Unternehmenspolitik

Folgende Zitate geben zu denken:

„Die Umweltfrage, die Zerstörung von Baudenkmälern, das Ausländerproblem zeigen, daß der ökonomisch-technische Fortschritt parasitär ist."

„Ethik ist eine Sache der Lehrer und Pfarrer; damit haben wir, Unternehmer, nichts zu tun."

„Alles, was der Staat schützt, muß zerstört werden."

„Natürlich brauchen wir Unternehmer. Wer sonst hätte die Härte, Nüchternheit und Umsicht, ein Unternehmen erfolgreich zu führen — aber sie müssen moderner werden."

„Die Geschichte zeigt, daß sich der technische Fortschritt gegen die moralischen Aspekte durchgesetzt hat. Er ist ein Moralverzehrer und führt zu einer Werte-Entleerung."

Schon diese wenigen Äußerungen offenbaren die komplexe Widersprüchlichkeit der Meinungen in unserer Zeit über die Wirtschaft und die Unternehmen. Sie zeigen vor allem den tiefen Graben im Denken und Handeln zwischen manchen Vertretern der Kultursphäre, der Politik und der Wirtschaft. Dies alles beeinflußt den Bewußtseinsstand der Gesellschaft.

Es ist deshalb die Frage, ob die betriebswirtschaftliche Rentabilität von Unternehmen und der Kulturanspruch, der sich im Sammelbegriff der Humanität ausdrückt, unvereinbare Bereiche sind. Genauer gesagt: Es ist zu untersuchen, ob zwischen diesen beiden Bereichen eine Symbiose möglich oder unmöglich, unter verschiedenen Aspekten wünschenswert oder gar notwendig ist.

Bei der Beantwortung dieser Frage bleibt die Tatsache zu berücksichtigen, daß in dem nun schon mehr als zweihundert Jahre andauernden Prozeß der Industrialisierung die Versorgung der Menschen in den Industrienationen mit Gütern und Dienstleistungen wesentlich verbessert und ein hoher Grad von Wohlstand für alle Kreise der Bevölkerung erreicht wurde. Der Grund dafür muß — leider — immer wieder in Erinnerung gerufen werden: Gewerbefreiheit und technologische Impulse ermöglichen unternehmerisches Handeln, nämlich die erfolgreiche Verbindung von natürlichen Ressourcen, Rohstoffen und Energie, mit humanen Ressourcen, Erfindungsgeist, Fleiß und Knowhow. Das erarbeitete anlagesuchende Kapital machte immer weitere Investitionen notwendig, wodurch immer mehr Arbeitsplätze geschaffen werden konnten. Die Anhebung des Wohlstandes vergrößerte das Steueraufkommen und die soziale Sicherstellung aller Gruppen. Dadurch wurden wiederum die durch Rationalisierung und fortdauernde Modernisierung wachsenden Kapazitäten zusätzlich genutzt. So schuf der Wohlstand weiteren Wohlstand, bis die Grenze des Wachstums erreicht zu sein schien.

Entgegen aller Skepsis werden neue technologische Impulse eines Tages wieder Wachstum auslösen. Offen bleibt allerdings die Frage, ob neben neuem Wachstum zusätzlich andere Ziele angestrebt werden sollen oder müssen und ob diese erreicht werden können.

In dieser Situation stehen — verkürzt dargestellt — drei Richtungen der Gesellschaftspolitik mehr oder weniger gegeneinander.

1.1. Nach der klassisch-liberalen Vorstellung handeln die Menschen, und damit auch die Unternehmer, von sich aus im Rahmen der Gesetze. Im übrigen gilt, daß alles, was der Gesetzgeber nicht verbietet, erlaubt ist. Der Eigennutz ist der Motor des Handelns. Von der Konkurrenz wird seit Adam Smith erwartet, daß sie Exzesse einzelner beim Gebrauch der Freiheit verhindert.

Viele Anhänger dieser Richtung warnen vor einer „Moralisierung" der Wirtschaft. Sie weisen darauf hin, daß die wirtschaftlichen Erfolge bis heute gerade erst durch die Nutzung der uneingeschränkten Freiheit in dem vom Gesetzgeber festgestellten Rahmen möglich wurden.

Diese Kreise berufen sich vor allem auf Adam Smith, der vor 200 Jahren schrieb: „Ich habe nicht viel Gutes von denen gesehen, die vorgaben, für das Gemeinwohl zu arbeiten." Humanität ist für diese Richtung kein konkretisierbarer Orientierungspunkt. Vor 100 Jahren sprach man in Mitteleuropa in diesem Zusammenhang von „Humanitätsduselei". Auch auf die Gefahr, daß eine Moralisierung der Wirtschaft zu Dogmatismus, Intoleranz, Gesinnungsschnüffelei, Verfolgung von Abweichlern bis zu einer Art moderner Hexenverbrennung führen könne, wird unter Anführung von Beispielen aus der Geschichte hingewiesen.

1.2. Unter den von marxistischem Gedankengut verschiedener Schattierungen geprägten Richtungen betonen die einen gegenüber dem Individualismus der liberalen Tendenz eine Orientierung des Handelns und Lassens an der Solidargemeinschaft. Die anderen verlangen die Abschaffung des Privateigentums und die konsequente Einbindung aller Menschen in das Kollektiv. Nur dadurch — so sind vor allem die letzteren überzeugt — wird angeblich das Prinzip der Gleichheit verwirklicht und Gerechtigkeit für alle geschaffen.

Soweit solche Ideen verwirklicht worden sind, zeigt sich die Kluft zwischen Wille und Vorstellung. Auch hier hindert die Unzulänglichkeit der Menschen eine dem Ideal voll entsprechende Verwirklichung. Denn die Wirklichkeit ist anders. Auch die Anhänger dieser Richtungen können der Menschen wegen nur eine societas imperfecta verwirklichen. So bleibt die uralte Sehnsucht der Menschheit nach Gerechtigkeit auch in solchen Modellen, insbesondere wenn sie lange Zeit praktiziert werden, unerfüllt.

1.3. Die Repräsentanten der katholischen Soziallehre und ein Teil der protestantischen Ethiker gehen von dem Zusammenhang der europäischen Wirtschaftsgeschichte mit der europäischen Geistesgeschichte aus. Sie erkennen feste wertbestimmte Positionen wie Eigentum und Gesellschaft an. Sie streben nach Ordnungsgesichtspunkten, weil nach ihrem Menschenbild der Mensch unzulänglich ist und bleibt.

Ihrer Ansicht nach bedürfen die Menschen in jedem Gemeinwesen bei der Nutzung des ihnen gewährten Freiheitsraumes einer geistigen Orientierung. Beachtung der Personenwürde ist der hervorragende Anspruch für die gesellschaftliche Ordnung. Die katholische Soziallehre vor allem kämpft gegen die Verabsolutierung irdischer Werte und sucht die Ausrichtung auf zeitüberlegene Wertziele. Dieses Leitbild aus der europäischen Geistesgeschichte wird auch auf die Wirtschaft und die Unternehmer und alle anderen Träger von Entscheidungs- und Verantwortungskompetenz übertragen. Hier gibt es Parallelen zum Ordo-Liberalismus. Daß der Mensch sich als Individuum und als Sozialwesen an Verhaltensregeln ausrichte, die aus den alten Kardinaltugenden entwickelt sind, insbesondere nach dem Subsidiaritäts- und dem Solidaritäts-Prinzip handele, ist ihr Ziel. Der Eigennutz ist Motor für ein Handeln, das dem Individuum dient. Aber der Eigennutz soll in der gleichzeitig und verhältnismäßig zu beachtenden Gemeinnützigkeit ein regulierendes Gegengewicht erhalten.

Auf die Gefahr, daß die Kirche mit ihrer Soziallehre in den Konflikt zwischen Kapitalismus und Sozialismus hineingezogen wird, hat schon Alfred Müller-Armack im Jahre 1950 hingewiesen.[1] Daß

---

[1] Soziale Irenik, veröffentlicht in „Weltwirtschaftliches Archiv", Band 64 (1950), Neuabdruck 1983 in „Religion und Wirtschaft, ausgewählte Werke", Verlag Haupt, Bern und Stuttgart, Seite 559.

diese Gefahr nicht nur theoretisch besteht, ist aus der immer wieder zu hörenden Devise „wir Christen müssen mit den Marxisten die Kapitalisten bekämpfen" zu entnehmen. Sie kommt derzeit vor allem aus dem Gedankengut von Christen in Lateinamerika. Trotz völlig anderer kultureller, gesellschaftlicher, politischer und wirtschaftlicher Gegebenheiten wird sie aber von Radikalen auch heute noch in und für Europa vorgebracht.

Aus den drei erwähnten Richtungen für die Gesellschaftspolitik sind grosso modo drei Gruppen von Modellen für die Unternehmenspolitik hervorgegangen.

1.4. Die klassisch-liberale Richtung, die vom Eigennutz als Motor für hohe Leistungen ausgeht, hat ein Modell der Unternehmenspolitik hervorgebracht, das sich auf den wirtschaftlichen Erfolg konzentriert. Die Betriebswirtschaft mit ihren hervorragenden Instrumenten für die Erzielung und die Messung dieses wirtschaftlichen Erfolgs ist allein maßgebend.

Zu den Vorteilen dieses Modells gehört die Marktnähe der unternehmenspolitischen Maßnahmen und ihre flexible Anpassung an Veränderungen des Marktes.

Die ausschließliche Ausrichtung auf wirtschaftliche Faktoren verhindert aber häufig die Beachtung und die richtige Bewertung von Chancen und Risiken, die von nicht-wirtschaftlichen Vorgängen ausgehen. So kann es zu einem Tunnel-Blick der in der Wirtschaft tätigen Spezialisten kommen, die keine Antenne mehr für nicht-wirtschaftliche Vorgänge haben. Daraus ergeben sich Schwächen dieses absolut ökonomischen oder ökonomistischen Modells.

Die vorhandenen Wechselwirkungen zwischen Wirtschaft, Funktionstüchtigkeit des Gemeinwesens, kollektiver Sicherheit und Kultursphäre werden nicht gesehen oder jedenfalls nicht ausreichend in die eigenen Überlegungen miteinbezogen. Auch die Bedeutung der Rechtsstaatlichkeit für das gesamte Gemeinwesen und damit auch für die Wirtschaft wird unterschätzt. Verstöße gegen Gesetze werden bagatellisiert, Hinweise darauf als „Unternehmerschelte" abgetan. Alles dies wird von den anderen Gruppen der Gesellschaft sehr genau wahrgenommen. Jeder einzelne solcher Vorgänge wirkt nachhaltig auf den Bewußtseinszustand derer, die außerhalb des Unternehmerlagers stehen. Die Betroffenen nehmen dies in der Regel überhaupt nicht wahr.

Schädliche Sekundär- und Tertiärerfolge des effizienten Wirtschaftens führen ebenfalls zu Reaktionen bei denen, die dadurch betroffen sind, sowie bei Vertretern der Kultursphäre, insbesondere Soziologen, Philosophen und Sozialethikern, und natürlich erst recht in der Politik.

Neue wissenschaftliche Untersuchungen und Erkenntnisse führen als Folge davon bei denen, die keine Wirtschaftserfahrungen haben, aber für den kulturellen Bereich zuständig sind, zu wirklichkeitsfremden Rückschlüssen über Wert und Unwert der Wirtschaftsprozesse im einzelnen und der Unternehmerwirtschaft im allgemeinen. Technik-Kritik und Wirtschaftsfeindlichkeit werden so immer lauter.

Dieser Prozeß wird beschleunigt dadurch, daß Massenmedien oft darüber Sensationsmeldungen mit Horroreffekt bringen. Sie erzielen dadurch höhere Einschaltquoten und Auflagenziffern, was dann paradoxerweise auch für die Werbung der Wirtschaft zusätzliche Attraktivität schafft und sich im übrigen in der Ertragsrechnung der Träger von Massenmedien positiv auswirkt. Aber zwischen der Wirtschaft und der Kultursphäre entsteht dadurch eine Spannung, die direkt in die politische Meinungs- und Willensbildung kanalisiert wird. Demagogische und subversive Kräfte lassen eine solche Spannung nicht ungenutzt im Kampf gegen die bestehende Ordnung und für einen Umsturz des Gemeinwesens. Das 1895 von Gustave Le Bon in „Psychologie der Massen" beschriebene Instrument der Emotionalisierung liefert hierfür das erprobte Rezept. In Einzelfällen kommt es als Folge davon zu Erscheinungen von Massenhysterie.

1.5. Das gemeinwirtschaftliche und das kollektivistische Modell verhindern theoretisch, daß der Eigennutz als Motor für effizientes Handeln wirksam wird. Das schließt nicht aus, daß auch bei diesen Modellen ein ausreichender Überschuß von Erträgen über die Aufwendungen angestrebt wird. Andernfalls müssen die Eigentümer — in diesem Modell Gesellschaft oder Staat — die entsprechenden Defizite zu Lasten ihrer Budgets decken. Eine solche Unternehmenspolitik, die ohne den Motor Eigennutz kostenübersteigende Erträge anstrebt, ist kein „dritter Weg", sondern genauso kollektivistisch in Theorie und Praxis wie der Staatskapitalismus mit Defizit-Wirtschaft. Der Indikator für die fundamentale Unterscheidung zwischen der freiheitlichen Ordnung und der kollektiven oder totalen Solidargemeinschaft bleibt immer die Anerkennung des Grundrechts Privateigentum.

Die Schwäche der gemeinwirtschaftlichen und der kollektivistischen Ordnungen wird offenbar in den Ländern, die sie zu verwirklichen suchen. Wird der Eigennutz als Motor für das Handeln der Menschen beseitigt, läßt das Interesse des einzelnen am Ergebnis seiner Arbeit nach. Der erzielte Nutzen fließt in anonyme Kanäle, kommt aber nicht denjenigen zugute, die ihn erarbeitet haben.

In der Geschichte hat sich immer wieder gezeigt, daß derartige Modelle nicht der Natur des Menschen und schon gar nicht der europäischen Tradition entsprechen.

Theoretische Gerechtigkeit durch Gleichheit und kollektive Armut führt nicht zu Leistungen, die der Bevölkerung von 280 Millionen Europäern eine Lebenschance geben. Die zentralistische Entscheidungsstruktur der Staatswirtschaft verursacht außerdem bürokratische Schwerfälligkeit und Marktferne.

Dezentrale Entscheidungskompetenz mit Eigennutz schafft Marktnähe, hohe Leistung, flexible Anpassung an veränderte Situationen, d. h. Effizienz und Wettbewerbsfähigkeit.

1.6. Im sozialethischen Modell, das von der katholischen Soziallehre und von einem Teil der protestantischen Ethiker entwickelt wurde, wird eine Symbiose von Eigennutz und Gemeinnützigkeit angestrebt. Die unternehmerischen Ziele bestehen aus den bekannten betriebswirtschaftlichen Zielgrößen, z. B. Gewinnoptimierung einerseits und den „Humanpflichten" andererseits. Jeder Mensch in der Wirtschaft ist Subjekt und nicht Objekt. Im Innenbereich des Unternehmens sind die Menschen Partner und nicht nur Produktions- und Kosten-Faktoren. Im äußeren Bereich des Unternehmens gilt der Grundsatz, daß kein Mensch unvertretbar belastet werden darf.

Nach der katholischen Soziallehre wird die Unternehmenspolitik so gestaltet, daß die betroffenen Menschen die Maßnahmen der Unternehmenspolitik und die sich daraus ergebenden primären und sekundären Folgen akzeptieren können. Deshalb spricht die katholische Soziallehre von gesellschaftlicher Akzeptanz. Dadurch wird die Thematik konkreter und die Verbindung zu den betriebswirtschaftlichen Erfordernissen praktikabler als bei Ausrichtung auf den Begriff der Humanität, der als weltanschauliche Haltung, insbesondere seit dem Humanismus, auch heute noch schwer zu konkretisieren ist.

Das Modell der katholischen Soziallehre kann deshalb mit Recht als eine Mittelposition angesehen werden, die noch dazu die Möglichkeit zur Praktikabilität enthält, d. h. bei den Tagesentscheidungen verwirklicht werden kann. Wäre nämlich ein Unternehmen allein auf Erzielung von gesellschaftlicher Akzeptanz ausgerichtet, würde sein Bestand alsbald gefährdet, weil dann die betriebswirtschaftlichen Belange zu kurz kämen und die finanzielle Substanz ausgehöhlt würde. Wäre allein die Gewinnmaximierung das Ziel des Unternehmens, so würde die Zukunft des Unternehmens heute ebenfalls gefährdet sein infolge von negativen Strömungen im gesellschaftlichen Umfeld, die u. a. auch durch schädigende Primär- und Sekundärfolgen der Tätigkeit des Unternehmens ausgelöst werden können, wie eingangs dargelegt wurde. Die Position der katholischen Soziallehre ist deshalb auf

Ausgleich widerstreitender Interessen abgestellt, so daß die Umsetzung in der Wirklichkeit immer zugleich auch ein Beitrag ist zur Erhaltung eines funktionstüchtigen Gemeinwesens.

2. Welche unternehmenspolitische Konzeption ist aus betriebswirtschaftlicher Sicht unerläßlich, und welche immateriellen Werte müssen heute mitprogrammiert werden?

Die Zukunftsaussichten von Unternehmen hängen von endogenen und exogenen Faktoren ab. Die Kunst des Unternehmensleiters besteht darin, daß er die endogenen und exogenen Faktoren rechtzeitig wahrnimmt und so darauf reagiert, daß der betriebswirtschaftliche Erfolg erzielt wird. Fehleinschätzung von Chancen und Risiken mindert oder verhindert den Erfolg.

Im äußeren Bereich gehört dazu, daß die Menschen im Umfeld des Unternehmens dessen Tätigkeit bejahen. Dies setzt voraus, daß sie nicht mehr belastet werden dürfen, als unter Berücksichtigung aller Gegebenheiten vertretbar ist, und daß das Unternehmen seine Tätigkeit und seine Absichten immer wieder neu erklärt und verständlich macht, d. h. kontinuierlich gesellschaftliche Akzeptanz erreicht.

Ebenso ist im inneren Bereich dafür zu sorgen, daß in der Belegschaft ein Geist partnerschaftlicher Zusammenarbeit besteht und erhalten bleibt. Nur ein solcher esprit de corps motiviert zu den erforderlichen Leistungen, ohne die ein Unternehmen nicht existieren kann, und macht gegen demagogische Einflüsse von außen immun.

Die exogenen Faktoren werden von fünf Gruppen verursacht:

1. von den Marktpartnern, den Lieferanten und Abnehmern,

2. von den Konkurrenten aller Art,

Theoretisches Modell der Relationierung von Größen, Werten, Gemeindiensten, Sekundärfolgen in der Unternehmenspolitik

Zukunftaussichten der Unternehmung

kulturelle Dimension
(Werte, Gemeindienste, Sekundärfolgen)[1])

Synergetik von Werten, Größen Gemeindiensten, Sekundärfolgen

Kontrolle und Schwachstellen
sozio-kulturellen Indikatoren
Analyse von sozio-ökonom. Größe

Konzeptionen

absolut ökonomisch	gesellschafts-bezogen		
Mittel	Hauptwert	gesellschaftliche Akzeptanz	Relationierung von
Mittel	Hauptwert	Leitbildfunktion	
Mittel oder Sekundär-folgen	Detail-werte	Arbeiter-Zufriedenheit	
		Kunden-Zufriedenheit	Umsetzung untern.-pol. Entscheidungen
		Aktiensparer-Zufriedenheit	
		Vertrauenswürdigkeit der Leitung	
Mittel oder Sekundär-folgen	sozio-kulturelle Gemein-dienste	Beachtung der Werte-Ordnung	Unternehmens- oder branchen-spezifische Maßnahmen
		Umweltschutz	kurzfristige taktische Geschäftspolitik Mittel- und Methodenwahl, Zielerreichung,
		ökologische Wirkungen	
je nach Konzeption		sonstige unternehmensspezifische Werte	unternehmensspezifische Steuerung der Produktionsfaktor
			Chancen- Risiken- Analyse Wirtschaftlichkeits-Rechnung
			Konzeption langfristiger Unternehmenspolitik
			„Philosophy", Stil, Standing
			Geschäftszweck

[1]) schätzbare Wechselwirkungen, erfaßbare Indikationen analysierbare Kosten vergleichbar, verbal darstellbar

mikro-ökonomische Notwendigkeiten
(Größen, Mittel, Gemeindienste, Sekundärfolgen)[2]

	Konzeptionen	
	absolut ökonomisch	gesellschafts-bezogen
Gewinn — Cashflow — Eigenfinanzierung	Hauptziel	kurzfr. Hauptziel
Sicherung des Bestandes des Unternehmens	Sekundärfolge oder Langfristziel	langfr. Hauptziel
Entwicklung des Humanfaktors		
Produktivität — Marktanteil Gewinn-Marge		
Funktionstüchtigkeit		
Versorgungspotential Roh-, Hilfs-Betriebsstoffe	Mittel- oder Sekundär-folgen	Teilziele
Konkurrenzfähigkeit		
„Stakeholder-Nutzen"— Arbeiter und Aktiensparer —		
Kapitalausstattung — Fremdmittelbeschaffung		
Beiträge zur Volkswirtschaft: Wertschöpfung, Bedarfsdeckung	Sekundär-folgen	sozio-ökonomische Gemeindienste
Steueraufkommen, soziale Sicherheit		
sonstige spezifische Funktionen	je nach Konzeption	
Beachtung der Gesetze	—	Achtung der Rechtsordung

[2] meßbar kalkulierbar, computorisierbar, ausweisbar, teilweise aktivierbar u. amortisierbar

3. von dem Gemeinwesen mit Ordnungsvorschriften und Eingriffen in die Marktgegebenheiten,

4. vom sonstigen Umfeld, zu dem auch die Kultursphäre und die gesamte Gesellschaft mit allen ihren Gruppen gehören, schließlich

5. von den ökologischen Gegebenheiten.

Zwischen der Unternehmenspolitik, den endogenen und exogenen Faktorengruppen gibt es Wechselwirkungen. Aus diesen ergeben sich Chancen und Risiken. Werden sie von dem Unternehmensleiter für die Unternehmenspolitik richtig oder falsch eingeschätzt, so hat das unmittelbare oder mittelbare, sofort oder erst langfristig wirksam werdende Folgen für das Unternehmen. Igor Ansoff empfahl schon vor Jahren das real time crisis management, das heißt zur rechten Zeit, d. h. vor Eintritt der Krise, zu prüfen, welche Wirkungen die wahrgenommenen Faktoren auf das Unternehmen ausüben können und wie die Unternehmenspolitik in möglichst kurzer Frist auf die neue Situation umgestellt werden muß.

Bei den exogenen Faktoren handelt es sich neben den Beziehungen zu den Marktpartnern um unternehmensfreundliche oder -feindliche Strömungen im gesellschaftlichen Umfeld. Hierbei hängt es von den Initiativträgern und von der schweigenden Mehrheit ab, wie sich die Wechselwirkungen zwischen dem Unternehmen und dem Umfeld im Laufe der Zeit entwickeln. In diesem Zusammenhang spielt auch die Frage der Rechtsstaatlichkeit eine entscheidende Rolle. Aber ebenso wichtig ist der Freiraum, der vom Gesetzgeber belassen wird. Darüber bestehen bei den Liberalen, bei den Kollektivisten und bei den Ethikern und Moralphilosophen unterschiedliche Vorstellungen, insbesondere wie dieser Freiraum genutzt werden kann, darf und soll.

Wenn es nicht als erstrebenswert angesehen wird, daß alle Lebensvorgänge eines Volkes durch staatliche Vorschriften und gesellschaftlichen Zwang reglementiert werden, sondern der erwähnte Freiraum möglichst groß ist, dann bleibt nichts anderes übrig, als in dem Gemeinwesen einen allgemeinen Konsens darüber herzustellen und aufrechtzuerhalten, wie der Freiraum nach Grundsätzen einer allgemein anerkannten Werte-Ordnung zu nutzen ist. Denn die radikal genutzte Freiheit führt zusammen mit der radikal verwirklichten Gleichheit, wie Alexis de Tocqueville vor mehr als 100 Jahren dargelegt hat, zur Ochlokratie, d. h. zur Herrschaft derjenigen Kräfte, die das Gemeinwesen nicht gestalten, sondern mißbrauchen und schließlich zerstören.

Alle staatstragenden Kräfte stehen demnach auch in unserer Epoche vor der Frage, ob die Individuen und Gruppen sich auf die rücksichtslose Wahrnehmung ihrer eigenen Interessen beschränken und im übrigen nach dem Motto denken und handeln dürfen: „Nach uns die Sintflut". Die Frage an jeden Bürger und jedes Unternehmen kann auch anders formuliert werden; nämlich als positive Prüfung: „Tragen Sie durch Ihr Verhalten dazu bei, daß das geordnete Gemeinwesen, die Rechtsstaatlichkeit und die Nutzung des Freiraums mit Anstand und Fairneß erhalten bleiben?" Das ist die Kernfrage der Kultur eines jeden Gemeinwesens und aller in ihm wirkenden Träger von Entscheidungs- und Verantwortungskompetenz einschließlich der Initiativträger und der Meinungsbildner.

Die Einbeziehung von Faktoren des gesellschaftlichen Umfelds ist für prospektiv handelnde Unternehmensleiter, deren Ziele mittel- und langfristig konzipiert sind, längst als eine Notwendigkeit anerkannt. Unternehmensleiter, die dagegen ihre Unternehmenspolitik ausschließlich auf Gewinnmaximierung ausrichten, im übrigen aber auf die Entwicklung des gesellschaftlichen Umfeldes durch ihr Verhalten nicht oder nur mit negativer Wirkung Einfluß nehmen, tragen zum Verschleiß des Gemeinwesens bei und gefährden auch die Zukunftsaussichten des Unternehmens, für das sie Verantwortung tragen. Das ist dann aber keine wirtschaftliche Frage, sondern ein kultureller und damit ein politischer Vorgang.

Werden betriebswirtschaftliche Notwendigkeiten und immaterielle Elemente in die Unternehmenspolitik integriert, so kommt es zu kompositorischen Zielgrößen und damit zu einer Unternehmenskultur. Akzeptanz und Vertrauen seitens der Mitarbeiter, der Marktpartner und der Abnehmer sowie im gesamten Umfeld sind dann die Werte, von denen die Zukunftsaussichten des Unternehmens langfristig positiv beeinflußt werden und die dadurch in gleicher Weise auch auf die übrigen Lebensbereiche des Gemeinwesens wirken. Gegenseitiges Vertrauen trägt bekanntlich entscheidend zur friedlichen Entwicklung der Gesellschaft bei.

3. Wie können ökonometrische Größen und immaterielle Elemente in die Unternehmenspolitik integriert werden?

Die ökonomischen Größen sind rechenbar, meßbar und computerisierbar. Die Konzeption der Unternehmens- und Geschäftspolitik wird dagegen wesentlich vom Selbstverständnis des Unternehmens bestimmt. Von diesem hängt ab, ob die Unternehmensleitung ihren Handlungsspielraum ausschließlich auf die kurzfristige Gewinnmaximierung oder — mehr oder weniger — zugleich auch auf die langfristige Sicherung des Bestands des Unternehmens, und das heißt auf Akzeptanz in der Gesellschaft, ausrichtet. Solche Unterscheidung zwischen einer rein ökonomischen oder „ökonomistischen" Konzeption und einer gesellschaftsbezogenen Unternehmenspolitik hat nicht nur theoretische Bedeutung. Sie ist auch nicht gleichzusetzen mit der Unterscheidung zwischen unvertretbarer „Profitgier" einerseits und verantwortungsbewußtem Verhalten andererseits. Denn derartige Maßstäbe für eine Wertung der Geschäftspolitik sind erst dann praxisnah, wenn die Frage lautet, ob die Erzielung des für den Bestand des Unternehmens erforderlichen Gewinns mit Methoden angestrebt wird, die eine Schädigung der Gesellschaft oder einer ihrer Gruppen oder auch einzelner zur Folge haben. Das ist z. B. der Fall, wenn zwar rechtlich zulässige Methoden angewandt, aber unvertretbare negative Wirkungen für die Menschen hervorgerufen werden, oder wenn den unabdingbaren immateriellen Werten nicht der angemessene Stellenwert eingeräumt wird. In jedem Fall ist Abwägung und Wertung im Interesse des Bestands des Unternehmens einerseits und der Erhaltung der Funktionstüchtigkeit des Gemeinwesens andererseits geboten.

Weit unterhalb dieser ethischen Ebene gibt es Gegensätze zwischen den beiden genannten Zielsetzungen im Bereich der praktischen Tagesentscheidungen, die sich unmittelbar auf das Unternehmen auswirken. Nach dem rein ökonomischen Modell vertraut die Unternehmensleitung allein darauf, daß das Unternehmen ohne besondere Vorkehrungen genügend Anpassungsvermögen hat, wenn sich einmal die Verhältnisse im Markt, bei den im Unternehmen Arbeitenden oder im gesellschaftlichen Umfeld verändern, vor allem, wenn sie sich in einem für das Unternehmen ungünstigen oder negativen Sinne entwickeln. Erfahrungsgemäß ergeben sich solche Veränderungen ununterbrochen — auch in den sogenannten guten Zeiten. Bei dem gesellschaftsbezogenen Modell handelt die Unternehmensleitung hinsichtlich möglicher Änderungen in den Wechselbeziehungen zwischen dem Unternehmen und dem Gemeinwesen sowie den Gruppen der Gesellschaft vorausschauend und aktiv gestaltend: Die betriebswirtschaftlichen Notwendigkeiten werden mit den gesellschaftlichen Faktoren so in Einklang gebracht und gehalten, daß der Bestand des Unternehmens in funktionsfähigem Zustand langfristig durch positive Sekundär-Auswirkungen der Tätigkeit des Unternehmens auf das gesellschaftliche Umfeld gesichert wird. Diese langfristige Sicherung des Bestandes ist neben der kurzfristigen Gewinnoptimierung eines von zwei gleichrangigen Hauptzielen einer solchen gesellschaftsbezogenen Unternehmenspolitik.

Ob das eine oder das andere Modell oder ob eine Mischform dieser beiden Modelle der Unternehmens- und Geschäftspolitik angewandt wird, richtet sich nach der spezifischen Unternehmensphilosophie, die auf dem Selbstverständnis des Unternehmens beruht. Nach diesem Selbstverständnis werden die Grundsätze für die Unternehmenspolitik festgelegt, die damit über den Führungsstil und das angestrebte Standing des Unternehmens aussagen.

Es gibt eine umfangreiche Literatur über betriebswirtschaftliche Fragen und die Probleme der betriebswirtschaftlichen Zukunftssicherung. Jüngeren Datums und weniger bekannt sind Veröffentlichungen, in denen Modelle der gesellschaftsbezogenen Unternehmenspolitik und deren Auswirkungen auf die Funktionstüchtigkeit der Unternehmen beschrieben werden. Der Verfasser hatte in einem Referat bei der Jahresversammlung der Union des Patrons Chrétiens (UNIAPAC) in Dakar am 15./16. Oktober 1975 vorgeschlagen, daß Modelle gesellschaftsbezogener Unternehmenspolitik von den Laienorganisationen aufgespürt und weltweit dargestellt würden. Auf diese Weise sollten Unternehmensleiter in anderen Ländern zur Modernisierung ihrer Unternehmenspolitik angeregt werden. Und in einer Reihe von Publikationen der UNIAPAC sind in der Zwischenzeit zahlreiche Fragen aus dem Bereich der Unternehmenspolitik behandelt worden. Auch die Arbeitsgemeinschaft für partnerschaftliches Verhalten (AGP) hat zahlreiche bereits praktizierte Modelle dieser Art von Unternehmenspolitik beschrieben. Einzelne Unternehmensleiter haben in ihren Fachvereinigungen über die Erfahrungen mit neuen Konzeptionen der Unternehmensführung berichtet. Aus derartigen Veröffentlichungen ist zu ersehen, daß Humanisierungsmaßnahmen, wenn sie mit betriebswirtschaftlich erfolgten Strategien korreliert werden, den Bestand des Unternehmens mehr stärken, als wenn die betriebswirtschaftlichen Maßnahmen ohne Berücksichtigung von außerökonomischen Elementen verwirklicht werden.

Unter Geisteswissenschaftlern ist gelegentlich der Wunsch zu hören, daß Praktiker und Betriebswirte Handreichungen, Lehrbücher und Instrumente der Unternehmensführung vorlegen, damit die Moraltheologen mit Hilfe dieser theoretischen Hilfen selbst die Einbeziehung der außerökonomischen Elemente empfehlen oder überwachen können. Es gibt — wie oben erwähnt — eine Fülle von Fachliteratur zu diesem Thema. Es gibt Lehrbücher für die Management-Praxis und zahlreiche Monographien zu Spezialfragen. Aber, das muß festgestellt werden, die erfolgreiche Führung eines Unternehmens — sei sie überwiegend auf Gewinnoptimierung, sei sie auf Korrelation von betriebswirtschaftlichem Erfolg und außerökonomischen Elementen und damit ausdrücklich auf die langfristige Sicherung des Bestandes des Unternehmens gerichtet — ist nicht durch Studium von theoretischen Modellen zu erlernen, sondern nur aufgrund intensiver Erfahrung als Führungskraft in der Wirtschaft, und zwar in einem ausreichend langen Zeitraum. Ratschläge oder Vorhaltungen von Vertretern der Kultursphäre, so notwendig sie· sind, setzen deshalb viel Sachkenntnis, Einfühlungsvermögen und diplomatisches Geschick voraus. Ein vorbildliches Beispiel kann ich nennen, die Ausführungen von P. Athanasius Wolff OSB vor Führungskräften der IBM Deutschland im Jahre 1983.

Positiv ist zu vermerken, daß sich in neuerer Zeit immer mehr Veröffentlichungen aus Wissenschaft und Praxis mit den sich ändernden Anschauungen über Unternehmensführung befassen. Dies hat seinen Grund zum einen darin, daß sich der Bewußtseinsstand in der Wirtschaft ändert, zum anderen, daß auch die Umwelt der Unternehmen einem sich beschleunigenden Wandel unterliegt.

4. Zur Kontroverse zwischen der tradierten christlichen Werte-Ordnung einerseits, der politischen Theologie und der Theologie der Befreiung andererseits

Laien, die sich mit der Umsetzung der Postulate der christlichen Soziallehre befassen, werden schon lange mit der ironischen Bemerkung bedacht, daß sie sich zwischen die beiden Stühle, den der liberalen und den der marxistischen Auffassung, setzen. Ihr Engagement wird seit einigen Jahren darüber hinaus durch einen weiteren Vorgang belastet. In den beiden christlichen Konfessionen, aber eben auch in der katholischen Kirche mit ihrem Anspruch auf Einheitlichkeit der Lehre, wird von manchen Gläubigen das marxistische Ideengut als Inhalt der Religion ausgegeben. So ist die Kontroverse zwischen der Amtskirche und einem Teil der Kirche von unten entstanden. Es ist nicht meine Aufgabe, zu diesem theologischen Konflikt Stellung zu nehmen. Aber ich muß diese Kontroverse erwähnen. Für diejenigen, die sich mit ihr näher befassen wollen, weise ich für den deutschsprachigen Raum auf folgende Publikationen hin:

1, die Zeitschrift „Orientierung" Nr. 9, 48. Jahrgang vom 15. 5. 84,

2. von protestantischer Seite die Zeitschrift „Evangelische Verantwortung", Heft 5/84 vom Mai 1984.

Mit dieser Kontroverse beschäftigen sich die Theologen. Angesichts des Absolutheitsanspruchs der Sozialisten sollten die Anhänger einer rechtsstaatlichen, demokratischen Ordnung ihre Aufmerksamkeit auf diese Entwicklung richten, wenn sie sich mit den Zukunftsaussichten eines Unternehmens befassen, dessen Bestand von einer Gesellschaftsordnung abhängt, die das Privateigentum anerkennt.

Nur der Vollständigkeit halber erwähne ich noch, daß z. B. in der Bundesrepublik Deutschland das Privateigentum durch Artikel 14, Absatz 2 des Grundgesetzes garantiert und daß diese Garantie seit der Entscheidung des Bundesverfassungsgerichts vom 1. März 1979 über das Mitbestimmungsgesetz aus dem Jahre 1976 mit einer inzwischen als konkretisierbar angesehenen Sozialbindung ausdrücklich korreliert ist. Gerade diese verfassungsrechtliche Regelung entspricht dem Gedankengut der christlichen Soziallehre. Sie ist die rechtliche Grundlage für die Symbiose von betriebswirtschaftlichem Eigennutz und dem Grad von Gemeinnützigkeit, der aus Rechtsgründen diejenigen unternehmenspolitischen Maßnahmen verursacht, die gesellschaftliche Akzeptanz herbeiführen. Auf keinen Fall aber ist diese Vorschrift der Korrelation von Eigentum und Sozialbindung, von Eigennutz und Gemeinnützigkeit, ein rechtspolitisches Instrument, mit dem auf legale Weise das Eigentum im Sinne einer sozialrevolutionären Umverteilung ausgehöhlt werden könnte.[2]

5. Zusammenfassung. Was ist zu tun?

5.1. Mit den von der Ökonometrie entwickelten Methoden und den dafür geschaffenen Instrumentarien lassen sich die betriebswirtschaftlichen Größen laufend planen, erfassen und messen. Ihre permanente Kontrolle ist so ermöglicht. Es fehlt aber an entsprechenden Methoden und Instrumenten für die Einbeziehung und Kontrolle der immateriellen Faktoren, der gesellschaftlichen Akzeptanz, die die Zukunftsaussichten der Unternehmen in unserer

---

[2] Walter Leisner, „Sozialbindung des Eigentums", Schriften zum Öffentlichen Recht, Band 196, Duncker & Humblot, Berlin, 1972, S. 57 und 85.

Zeit entscheidend mitbestimmen. Für nicht-aktive Christen und Atheisten fehlt es außerdem auch an den Motiven für die Berücksichtigung und Einbeziehung der immateriellen Faktoren.

Erst wenn der Tunnelblick der Wirtschaftsexperten, die sich auf die wirtschaftlich meßbaren Größen in der Unternehmenspolitik konzentrieren, aufgebrochen und ausgeweitet wird, sind übergreifende theoretische Erörterungen möglich, die zu praktikablen Veränderungen in der Unternehmenspolitik führen können. Wenn von Repräsentanten der Kultursphäre darüber Klage geführt wird, daß sich der technische Fortschritt gegen die moralischen Aspekte durchgesetzt habe und daß es einen Nachholbedarf in kultureller Hinsicht gäbe, ist gerade hier ein Ansatzpunkt gegeben. Die übergreifende Diskussion der Moralphilosophen und Sozialethiker, der Betriebs- und Volkswirte, der Techniker, Juristen, Mediziner, Soziologen und Psychologen, um nur die wichtigsten zu nennen, ist dringlich. Alle Bereiche unseres Lebens, Wirtschaft und Kultursphäre, Regierung und Verwaltung, Meinungsbildner, Initiativträger und Politiker, sollten es als selbstverständlich ansehen, daß das Humane stets und überall von Anfang an mitzuprogrammieren ist, daß es nicht ein Fremdkörper in sachbezogenen Überlegungen und Abläufen ist, der nur künstlich irgendwo aufgepfropft wird. Die gesellschaftliche Akzeptanz aller Maßnahmen in einem Gemeinwesen ist wie die Luft zum Atmen Voraussetzung für das Leben und eine gedeihliche Entwicklung.

5.2. Unternehmensleiter können ihre Unternehmenspolitik, wie es in der computerisierten Unternehmensplanung üblich ist, auf zwei Jahre und zwei weitere Jahre anlegen. Eine längerfristige Vorausschau wird zwar vorgenommen, insbesondere für die Finanz-, Investitions- und Personalplanung sowie für Forschung und Entwicklung, aber sie bleibt nur ein Rahmen, der schrittweise kürzerfristig auszufüllen ist. Immaterielle Faktoren sind dagegen im allgemeinen auf längerfristige Entwicklungen im gesellschaftlichen Umfeld des Unternehmens zurückzuführen. Ob Chancen und Risiken, die von solchen Faktoren beeinflußt werden, auch über entsprechend längere Zeiträume hinaus beobachtet und gewertet werden, hängt von der Unternehmensphilosophie des betreffenden Unternehmens und der Qualifikation der Unternehmensleiter ab.

5.3. Bemerkenswert ist, daß in jüngerer Zeit die Fachliteratur in den Vereinigten Staaten von Amerika auf die Bedeutung des unternehmenspolitischen Stils hinweist. Der unternehmenspolitische Stil ist ein wesentliches Element der Unternehmenskultur geworden. Er berührt die Art und Weise, wie betriebswirtschaftliche Zielgrößen angesteuert werden. Er ist sogar eigentlich ein Teil dieser Zielgrößen.

Der Stil, die Art, wie etwas getan, also angestrebt und verwirklicht wird, hängt ab von der Qualifikation der Unternehmensleiter für Kreativität im Bezug auf die immateriellen Werte. Dieser Stil sollte nie verwechselt werden mit dem kosmetischen Make-up der sogenannten Imagepflege. Stil ist etwas ganz anderes, ein wesentliches Element der Unternehmenspolitik selbst, ein wesentliches Element in dem immateriellen Teil der kompositorischen Zielgrößen moderner Unternehmenspolitik.

Das Durchhalten eines Stils macht inhaltliche Widersprüche zwischen Werbung und Unternehmensphilosophie, zwischen Maßnahmen der Imagepflege und dem tatsächlichen Verhalten der Unternehmensleiter, zwischen den verschiedenen Aussagen der Unternehmensleiter je nachdem, an wen sie sich richten, unmöglich.

Die Qualität der kompositorischen Zielgrößen bestimmt die Zukunftsaussichten des Unternehmens in seinem Umfeld. Sie steht in Wechselwirkung zu diesem Umfeld. Sie ist neben der Sicherung der Zukunftsaussichten des Unternehmens gleichzeitig der unternehmerische Beitrag zur Erhaltung des Umfeldes. Sie trägt dazu bei, die Funktionstüchtigkeit des Gemeinwesens als Rechtsstaat mit dem Grundrecht des Privateigentums zu bewahren, ohne die auch die rechtsstaatlich-demokratische Gesellschaftsordnung mit ihren Grundrechten zu bestehen aufhören würde.

5.4. Von den spezifischen Eigenarten jeder Branche und auch jedes Unternehmens und seines Standorts im gesellschaftlichen Umfeld hängt es ab, welche immateriellen Werte mit den für das Unternehmen gegebenen betriebswirtschaftlichen Notwendigkeiten integriert werden müssen.

Will die Leitung eines Unternehmens solche Werte mit den betriebswirtschaftlichen Notwendigkeiten in Relation setzen, bedarf es entsprechender Entscheidungen in der strategischen Unternehmensführung. Wenn die praktische Unternehmenspolitik der von der Leitung entwickelten gesellschaftsbezogenen Konzeption entsprechen soll, unterliegen auch im täglichen Geschäftsablauf angewandte und gutgeheißene Mittel und Methoden der beständigen Überprüfung durch die Geschäftsleitung nach den Kriterien der beschlossenen Konzeption.

In der Abbildung werden die Ziele, Werte, Mittel, Auswirkungen und Sekundärfolgen der rein ökonomischen und der gesellschaftsbezogenen Unternehmensführung theoretisch gegenübergestellt.

Es gelten dann immer drei Doppelfragen:

1. Wie ist der Stand des Unternehmens im Markt *und* im gesellschaftlichen Umfeld?

2. Welche Ziele *und* Werte sollen erreicht werden?

3. Welche Mittel müssen eingesetzt, welche Methoden und Verfahren angewandt, welches Instrumentarium muß entwickelt werden, damit die vorgegebenen Ziele *und* die angestrebten Werte erreicht werden?

Die strategische Unternehmensführung zielt dann darauf, alle Innovationsanstrengungen, die von Forschung und Entwicklung ausgehen, und alle Innovationsimpulse des Unternehmens jeweils auch auf die gesellschaftliche Akzeptanz und Nutzung hin zu untersuchen und entsprechend zu gestalten.

Die Entwicklung des Instrumentariums, vor allem eines Systems von Sozialindikatoren und deren Erfassung durch Rechnungslegung, ist der nächste Schritt. Denn dadurch wird die Erzielung der gesellschaftlichen Akzeptanz auch ein Teilbereich des Informationswesens, das die Ergebnisse, nämlich die Erreichung der unternehmerischen Ziele, darstellt. Hier fehlt es noch an konkreter Definition der immateriellen Werte und an Indikatoren, an denen sie abzulesen sind.

Als in den 70er Jahren Sozialbilanzen von USA kommend zur Mode wurden, krankten sie daran, daß zwar die Kosten kalkuliert, die Ergebnisse aber nicht gemessen werden konnten. Sie blieben immer vage oder konnten nur indirekt ermittelt oder dargestellt werden. Der Begriff der „Sozialbilanzen" war deshalb in der damaligen Zeit zu anspruchsvoll. Es hätte genügt, von „gesellschaftlichen Nutzenrechnungen" zu sprechen. Durch sie hätte die gesellschaftliche Akzeptanz sichtbar gemacht werden können. Aber wie bei der Kapitalbildung in Arbeitnehmerhand wurden auch die Aussagen der Sozialbilanzen zu schnell in die Auseinandersetzungen der Tarifpartner gezogen. Damit wurde eine Entwicklung abgebrochen, die für alle Beteiligten und gerade auch für die Unternehmensleiter interessante Erkenntnisse hätte bringen können.

5.5. Für eine gesellschaftsbezogene Unternehmensführung bedarf es der Auswahl dafür qualifizierter Führungskräfte, mit denen entsprechend spezifizierte Aufgabenkataloge in den Dienstverträgen vereinbart werden.

Im Jahre 1978 sagte Hans L. Merkle in einem Interview[3]) im Zusammenhang mit der Mitbestimmung, daß „Unternehmensleiter heute neben ihrer beruflichen Qualifikation über Charakterfestigkeit und politischen Weitblick verfügen müssen". Das ist sehr viel mehr, als früher von Unternehmensleitern verlangt wurde, als sich die Qualifikation auf clever, smart und tough beschränkte. Hans L. Merkle hat eine Aussage gemacht, die für die Auswahlkriterien

---

[3]) Manager-Magazin, Dezember-Heft 1977.

von Unternehmensleitern in die Zukunft weist. Politischer Weitblick ist die erste Voraussetzung dafür, daß ein Unternehmensleiter die Entwicklung des gesellschaftlichen Umfelds erkennt und dort Faktoren bemerkt, die für die Zukunft des Unternehmens bedeutsam sind oder werden können.

In Diskussionen mit Unternehmensleitern ist immer wieder zu hören, daß sie ihre Verantwortungskompetenz nicht im Sinne einer gesellschaftsbezogenen Unternehmenspolitik ausgeweitet sehen möchten, weil dazu auf Grund der Dienstverträge kein Anlaß gegeben ist. Sie sind nicht verpflichtet, immaterielle Elemente der Unternehmenskultur im Sinne von gesellschaftlicher Akzeptanz in die Zielgrößen der Unternehmenspolitik zu integrieren. Insofern gibt es auch hier einen Innovationsbedarf, soweit nach der Unternehmensphilosophie des betreffenden Unternehmens eine solche Aufgabe für den Unternehmensleiter konzipiert ist. Ist das der Fall, bedarf sie der Einbeziehung in die Rechte und Pflichten der Unternehmensleiter in den Dienstverträgen.

5.6. Zweihundert Jahre nach der Französischen Revolution und siebzehn Jahre vor Eintritt in das 21. Jahrhundert und damit in das dritte Jahrtausend nach Christus lassen sich — wie hier dargelegt wurde — mehrere sehr verschiedene Tendenzen ausmachen, die das Zusammenleben der Menschen in der Gesellschaft und damit auch die Verhaltensweisen der Partner im wirtschaftlichen Bereich zu regeln anstreben. Welche dieser z. T. widerstreitenden Tendenzen sich schließlich durchsetzen wird, ist noch nicht entschieden.

Ebenso läßt sich noch nicht voraussagen, ob eine der beschriebenen Tendenzen allein oder als Mischform mit der einen oder anderen Richtung die Zukunft maßgeblich bestimmen wird. Jedenfalls aber ist es Wunsch und Ziel derjenigen, die die Freiheit als Grundlage für die Personenwürde des Menschen ansehen, daß sich diejenige Richtung bewähren möge, die — wie die katholische Soziallehre — „Freiheit in Verantwortung" postuliert, weil das Leben für die kommenden Generationen nach allen schmerzlichen Erfahrungen in Europa und anderswo nur in einer solchen Ordnung lebenswert sein kann.

Bei allen Unzulänglichkeiten im Motiv und in der Methode hat die Soziale Marktwirtschaft besser als andere Systeme die Bedrohung der Menschen durch materielle Not gebannt. Die vom Gesetzgeber geschaffenen Rahmenbedingungen konnten zwar nicht absolute Gerechtigkeit verwirklichen, gravierende Ungerechtigkeiten konnten aber entscheidend gemildert werden, solange die Verpflichtungen, die in dem Wort „sozial" als wesentliches, konstitutives Element der „Sozialen Marktwirtschaft" angesprochen sind, postuliert, anerkannt und durchgesetzt werden. Dieser scheinbar verzichtbare Zusatz ist nämlich weder bloßes Ornament — ad usum delphini — noch Denkfehler. Wenn den Freiheiten nicht die Verpflichtungen als gleichwertige und gleichrangige Gegenposition gegenübergestellt werden, ist das Gleichgewicht gestört und die Ordnung selbst in Gefahr, weil ihr von der Gesellschaft, das heißt den Menschen, über kurz oder lang die Anerkennung versagt wird.

Die freiheitlich-marktwirtschaftliche Organisationsform bewertet die volkswirtschaftliche Wertschöpfung primär nach den Kriterien der Zweckmäßigkeit und Effizienz. Sie gewährt dem einzelnen im wirtschaftlichen und mittelbar auch im politischen Bereich individuelle Freiheit, die viel mehr Freiheit ist als nur die Konsumwahl (Horst Munz).

Gleichwohl ist in einer freiheitlichen Ordnung jeder einzelne dafür verantwortlich, wie er mit der Freiheit für sich und für die anderen umgeht. Das gilt für Unternehmensleiter ebenso wie für Gewerkschaftsfunktionäre, für die Repräsentanten der Kultursphäre und diejenigen des ganzen Gemeinwesens, das heißt vor allem die Politiker. Daß die Freiheit nicht zum Chaos entartet, sondern nach bewährten Regeln genutzt wird, die auf gültigen anthropologischen Gesetzmäßigkeiten beruhen, ist das Ziel aller Menschen, die über Realitätssinn, historisches Bewußtsein und die Bereitschaft zur Verantwortung für die kommenden Generationen verfügen.

Um das Chaos zu verhindern, das aus einem Übermaß an Freiheit ebenso entsteht wie aus der Unfreiheit, ist die Aufrechterhaltung der zuvor erwähnten gleichgewichtigen freiheitlichen Ordnung die immerwährende Aufgabe. Denn jeder einzelne Verstoß gegen die Elemente dieser Ordnung untergräbt deren Glaubwürdigkeit und normative Kraft. Auch unter diesem Aspekt ist jeder einzelne täglich gefordert und verpflichtet, seinen Teil für die Erhaltung des Gemeinwesens getreulich beizutragen.

Karl-Heinz Freitag

Die gesellschaftspolitischen Aufgaben der Sozialverbände in Zeiten technisch-industrieller Umstrukturierungen

1. Rückblende und Positionen

Den Wechselwirkungen zwischen technischer Entwicklung und gesellschaftlicher, weltanschaulicher Orientierung nachzugehen, ist ebenso aktuell wie alt.

Die in einer breiten Öffentlichkeit gegenwärtig geführte Diskussion um die politisch optimalen Rahmenbedingungen innovatorischer Entfaltung unserer Volkswirtschaft bezieht die Frage nach einem adäquaten Bildungssystem mit ein wie die nach dem Schutz lebensnotwendiger Umwelt.

Als Friedrich Dessauer 1906 in der Zeitschrift „Hochland" seine Artikelreihe „Gedanken über Technik, Kultur und Kunst" veröffentlichte, stieß er nach eigenen Worten auf Befremden, obschon das Problem der technischen Kultur die „erste, heroische Generation des deutschen Industriestaates eindringlich beschäftigt" hat (Franz Schnabel, Deutsche Geschichte im 19. Jahrhundert, Freiburg 1954, 3. Bd. S. 442). „Was will dieser Techniker? Was hat Technik mit Kultur und Kunst zu tun? — Das war ungefähr die Reaktion. Ich selbst war damals in der Industrie, im Bau wissenschaftlicher Apparate, speziell in der Entwicklung der damals ganz neuen Röntgentechnik tätig und war bedrückt von der Untertänigkeit des technischen Schaffens unter der Wirtschaft, von der Ranglosigkeit der Ingenieure im Gesellschaftsleben, von ihrer geringen Bereitschaft und Fähigkeit, aus ihrem Fach herauszutreten, um in der Lenkung des gesellschaftlichen Geschehens gebührenden Anteil zu übernehmen." (Friedrich Dessauer, Streit um die Technik, Frankfurt 1956, S. 22).

Nach Dessauer war Technik noch kein Thema eines „Weltgesprächs". Das Bewußtsein, daß hier etwas Großes, Einheitliches, eine weltwandelnde Macht über das Abendland komme, sei nur bei einzelnen, nicht in der europäischen oder nordamerikanischen Gesellschaft erwacht. Der 1. Weltkrieg habe erst zu einer Wandlung geführt, als die Techniker den Feldherren die Marschallstäbe aus den Händen genommen hätten.

Die so moderne gesellschaftsphilosophische Betrachtungsweise der Geschichte der letzten 200 Jahre weist wohl auf den Wirtschaftsliberalismus und den „konkurrenzpeitschenden Wettlauf der Wirtschaft um den technischen Fortschritt" hin (Alexander Rüstow, Kritik des technischen Fortschritts in Ordo-Jahrbuch für die Ordnung von Wirtschaft und Gesellschaft, 4. Bd., Düsseldorf 1951, S. 383), vernachlässigt jedoch die Bemühungen um eine Synthese des klassischen und des technischen Zeitalters im letzten Jahrhundert. Die bürgerlichen Ideale der Einheit des Menschengeschlechtes, die sich Herder und Schiller allein von der Macht des Gedankens erhofft hatten, hielt man auf wirtschaftlich-technischem Wege für erreichbar. Technik wurde nach Schnabel (a. a. O. 440/434) zur wichtigsten Bahnbrecherin auf dem Wege zur Demokratisierung abendländischer Kultur.

Hätte andererseits Demokratie schon zu Anfang des 19. Jahrhunderts bestanden, würde sie die moderne Technik wahrscheinlich unmöglich gemacht haben; Handwerker, Arbeiter und Bauern würden wohl gegen ihre Einführung votiert haben. Man fürchtete sich vor der Bedrohung der Arbeitsplätze durch die Maschine und vor der mit den neuen Produktionsprozessen unausweichlich gewordenen Anpassung überkommener Lebensformen und -inhalte. Der gesellschaftliche und politische Lebensraum war der deutsche Kleinstaat. Auch nach der Reichsgründung 1871 blieben vom Bewußtsein und Gefühl weitgehend die ethnisch und konfessionell gewachsenen Grenzen erhalten. Den Kosmopoliten gab es nur in elitären Zirkeln. Wie schwerfällig eingefahrene und immer wieder tradierte Verhaltensweisen sind, wird an den zum Teil heute noch existenten patriarchalischen Autoritätsmustern in Verwaltung und Unternehmen deutlich; sie stammen aus der Zeit, in der Haushalt und Betrieb als Sustentations-

oder Unterhalts- und Versorgungswirtschaft eine Einheit bildeten (s. Oswald v. Nell-Breuning, Wirtschaft im gesellschaftlichen Umfeld, Stimmen der Zeit, 201. Bd., Freiburg 1983, S. 749).

Und dennoch ist Schnabel recht zu geben, wenn er die Technik als Schrittmacherin für den modernen Rechtsstaat und dann auch für die Demokratie herausstellt, „daß sie die Menschen geistig und körperlich zueinander führte, die Distanzen verringerte, daß man der Erwartung lebte, alle Stämme und auch alle Völker durch Förderung ihrer gemeinsamen Interessen und durch Verkürzung der Entfernungen einander näherzubringen" (a. a. O. S. 441).

Warum aber kam es dennoch nicht zu dem von Dessauer erhofften „Weltgespräch" über Technik? War vielleicht die zu einer Glaubenshaltung gewordene Euphorie gegenüber dem technischen Fortschritt einer der Gründe für die Unfähigkeit, über Technik kulturkritisch nachzudenken? A. Rüstow weist u. a. nach, daß für weite und führende Kreise der Glaube an den technischen Fortschritt zur Religion wurde (a. a. O. S. 383). Glaubenspositionen lassen sich dogmatisieren, doch schwer hinterfragen. Dem Zeitgeist entsprechend wurde auch die Theorie einer liberalen Wirtschaftskonzeption eines A. Smith verabsolutiert und für bare Münze gehandelt. Nur der Markt entscheidet darüber, was Werte und Güter des Menschen sind; der Mensch ist nur als homo oeconomicus von Interesse. Die alten Theoretiker sind für diese Übersetzung ihres Lehrgebäudes ebensowenig verantwortlich zu machen wie die Techniker und ihre Technik für den Glauben an technischen Fortschritt.

Die „Religion des Fortschritts" steht heute in einer Krise. Ihr nach 1945 noch einmal entfachter Optimismus ist durch die Entwicklung der letzten 20 Jahre relativiert worden. Wissenschaft, Technik und Wachstum bedingen nicht automatisch mehr Freiheit und Glück. Das Ziel moderner Wissenschaft nach Descartes, Herr und Eigentümer der Natur zu werden, stößt an Grenzen.

Versuche, die nach marxistischem Verständnis durch die Technik mitverursachte „Entfremdung des Menschen" in der modernen Industriegesellschaft mit Hilfe revolutionärer Aktionen aufzuheben, können als gescheitert gelten. Geblieben ist zum Teil ein Machbarkeitsglaube, Zukunft programmieren zu können und mehr Freiräume für den Menschen durch eine sog. Fortentwicklung der Gesellschaft zu erzielen.

An der Zukunft unserer Gesellschaft und ihres Menschenbildes scheiden sich heute die Geister.

2. Der Dialog hat begonnen

Der von Dessauer gewünschte Dialog ist heute in vollem Gange. Die Positionssammlung und -wertung in seinem 1956 erschienenen Buch „Streit um die Technik" bedarf keiner Korrektur, höchstens einer Aktualisierung. In die in den letzten 10 Jahren geführte Grundwertediskussion wäre von ihm sicherlich erneut die Frage eingebracht worden, ob es „auch im Sinne etwa von Max Scheler unabhängig vom individuellen Nützlichkeitswert einen erkennbaren, gültigen, ethischen, objektiven Wert der Technik" gibt, „von dem man analog sprechen kann, wie man von Werten im Recht, der Religion, der Kunst spricht" (a. a. O. S. 182). Seine Antwort: „Weil er — der Techniker — die Lösungsgestalten aus ihrem kosmischen Schlummer erwecken und sie aus der inneren Schau seiner Vorstellungskraft in die reale Außenwelt hineinzustellen vermag, baut der Techniker die Umwelt des Menschen selbst auf mit all ihren Schätzen der Kultur. Die unveränderte Natur bietet dem Geistträger Mensch kein Genüge . . . Daraus entsteht die Einsicht in den Wert, die Würde der Technik: Es ist die Menschenwerdung, soweit sie mit natürlichen Mitteln vollzogen werden kann . . . Die gesamte Technik als Umweltaufbau der Menschheit ist materiale Schaffung, Erhaltung, Zugänglichmachung der Zivilisation als Realgrundlage der Kultur. Darin besteht ihr einheitlicher Wert, und er ist von hohem Rang . . . Daß der Technik ethische Grundzüge eignen, ergibt sich aus ihrem Ursprung und aus den formalen Kräften. . . . Technik sucht aus ihrem Wesen die Dienstwerte ihrer Objekte zu erhöhen. . . . " (a. a. O. S. 182 ff.).

Daß Technik mißbraucht werden kann, bedeutet nicht, daß sie ethisch neutral ist. Technik ist ihrem Wesen nach gut! Mit Worten des ehemaligen Landesbischofs von Hannover Dr. Hans Lilje: Gefahren der Technik liegen nicht in entfesselten Naturgewalten, sondern in den entfesselten Gewalten der Menschenseele (Das Zeitalter der Technik, Berlin 1928). Oder nach der Enzyklika Redemptor Hominis von 1979: „Der zentrale Sinn dieser ‚Königswürde' und dieser ‚Herrschaft' des Menschen über die sichtbare Welt, die ihm vom Schöpfer als Aufgabe anvertraut worden ist, besteht im Vorrang der Ethik vor der Technik, im Primat der Person über die Dinge, in der Überordnung des Geistes über die Materie." (S. 32) Die Folgerung für uns liest sich in der Enzyklika Laborem Exercens so: „Die jüngste Epoche der Menschheitsgeschichte zeigt vor allem bei einigen Völkern einen berechtigten Triumph der Technik als eines Grundfaktors für wirtschaftlichen Fortschritt; gleichzeitig jedoch hat dieser Triumph zentrale Fragen aufgeworfen und wirft sie immer noch auf: Fragen über die menschliche Arbeit im Verhältnis zu ihrem Subjekt, das eben der Mensch ist. Diese Fragen sind mit schwerwiegenden Inhalten und Spannungen von ethischem und ethisch-sozialem Charakter beladen. Sie stellen daher eine ständige Herausforderung für vielerlei Institutionen dar, für Staaten und Regierungen, für internationale Systeme und Organisationen; sie sind eine Herausforderung auch für die Kirche." (S. 12/13)

Wer anders als Persönlichkeiten aus Unternehmen, Verbänden und Selbstverwaltungsorganen wäre in der Lage, den Dialog mit der Öffentlichkeit aus ethischem und volkswirtschaftlichem Verständnis zu führen, fragt A. Kuhlmann in seinem Beitrag „Alptraum Technik?" in der Veröffentlichung des Instituts der deutschen Wirtschaft „Wirtschaftliche Entwicklungslinien und gesellschaftlicher Wandel" (Köln 1983, S. 174 ff.). Er spricht sich für eine berufsethische und technisch-ethische Abklärung von Entscheidungen durch Selbstverwaltungen und regelsetzende Organe der Technik aus. „Eine Technikbewertung unter humanen Gesichtspunkten, die über die bloße Erfassung unstreitiger Tatsachen hinaus zum immer von moralischen Wertungen abhängigen Urteil über eine Technik übergehen will, bedarf einer Untermauerung durch einen allgemein angenommenen Kodex." Kuhlmann spricht von einer „Charta der Technik". Nur so komme man aus dem Streit über die miteinander um gesellschaftliche Geltung ringenden Werthaltungen heraus. „Dies gilt in besonderem Maße für das Urteil über die Technik als Triebkraft des sozialen Wandels oder als Quelle politischer und militärischer Macht. Hier soll eine Charta der Technik das Gewissen schärfen."

3. Sozialverbände als Partner des Dialoges?

Die Frage, an welche Verbände sich der Autor zu wenden habe, um ihre gesellschaftspolitischen Aufgaben angesichts des gegenwärtigen technischen und gesellschaftlichen Wandels erneut auszuloten, wurde durch die Veranstalter beantwortet. Die als konfessionelle oder kirchliche Sozialverbände artikulierten Träger des Studiengesprächs 1984 „Technische Revolutionen und gesellschaftlicher Wandel — gemeinsam für eine menschliche Zukunft" bestimmen auch den Adressaten. Die Pflicht, entsprechende Aufgaben für diese Sozialverbände zu konkretisieren — „Was haben wir zu tun?" —, gleichzeitig aber der Gefahr eines zu einseitig und nicht repräsentativ angegangenen Dialogs zu begegnen, veranlassen, unter Sozialverbänden hier auch die Organisationen als Gesprächspartner mit einzubeziehen, denen Interesse an der Technik zuzumuten ist. Die Palette ist entsprechend bunt, sie reicht von den Kirchen und ihren Standesorganisationen über die partei-, wirtschafts- und sozialpolitisch orientierten Verbände bis zu den vorparlamentarischen Gruppierungen moderner Protestbewegungen. Und: Sind nicht auch Betriebe Sozialverbände?

Mit Goetz' Brief sei daran erinnert, daß wirksame Demokratie funktionierende Wirtschaftsgebilde nicht-politischer Natur voraussetzt. Demokratie ist nicht auf dem „Schwemmsand von individuellen Willen und individuellen Meinungen aufgebaut", sondern lebe von der Stärke ihrer „gemeinschaftsartigen Substrukturen" (Zwischen Kapitalismus und Syndikalismus, München 1952, S. 35 und 43).

Kirchliche Sozialverbände, den Kirchen nahestehende Vereinigungen, haben oft ihren Ursprung in karitativen und sozialen Aufgabenstellungen des letzten Jahrhunderts. Ihre Vertretung von Standesinteressen entspricht einer gesellschaftlich-hierarchischen Vorstellung. Funktional orientierte Aufgaben kommen modernem Demokratieverständnis entgegen, helfen Klassengegensätze überwinden und die Prinzipien der Solidarität und Subsidiarität zielgemäß vorzuleben.

Bevor über die gesellschaftspolitschen Aufgaben von Sozialverbänden gesprochen werden kann, muß man sich über die jeweilige gewachsene Interessenlage, den Bildungsstand und auch die Lernfähigkeit ihrer Mitglieder ein Bild machen. Die Vorgabe gesellschaftspolitischer Profile angesichts technisch-wirtschaftlicher Umstrukturierung — was immer diese im einzelnen sein mag — hilft nicht weiter, wenn für sie bei den Verbänden und ihren Mitgliedern keine „Antennen" vorhanden sind. Verbände sind keine Zwangskartelle; selbst die Kirchen sind es heute nicht mehr.

Überzieht man ihre Mitglieder mit Forderungen und Aufgaben, ist der Mitgliederschwund gewiß. Bei aller durch Satzung und Praxis erhärteten sozialpflichtigen Orientierung gegenüber eigenen Mitgliedern und gegenüber gesellschaftlichen Aufgaben sind Verbände heute nur als o f f e n e Verbände zu verstehen. Selbst die Pflege von Erbe und Tradition geht bei ihnen nur noch über die jeweilige Entscheidung und Akzeptanz dieser Werte durch ihre Mitglieder.

Pluralismus bei Verbänden also — von der Angebots- wie von der Nachfrageseite aus!

Die Technik hat eine Verwissenschaftlichung aller Lebensbereiche gefördert. Die Diskussion um Technologie, Innovation und ihre evtl. gesellschaftlichen Folgen wird jedoch oft mit vorgefaßten und weltanschaulich geprägten Meinungen geführt. Zitate von Grundsatzpositionen katholischer oder evangelischer Soziallehre verhelfen zur allgemeinen Orientierung bei der Erörterung anstehender Fragen, ersetzen jedoch im Einzelfall keine fachliche Entscheidungsfindung. Mit einer plakativen Argumentation „Moderne Technologie" — ja/oder: nein, danke" kann keine seriöse politische Position bezogen werden.

Konfessionelle und kirchlich orientierte Sozialverbände und ihre Mitglieder wissen sich einer vom christlichen Menschenbild geprägten

Gesellschaftsordnung verpflichtet. Soziallehren der Kirchen sind ein integrierender Bestandteil der christlichen Lehre vom Menschen. Ihre Prinzipien können mit der Vernunft erkannt und begründet werden. Sie stellen „einen nie vollkommen gelungenen Versuch dar, unser inneres Bewußtsein vom Wesen des Menschen in Begriffen auszudrükken" (Theodor Mulder, Die Rangordnung der wirtschaftspolitischen Ziele, in Wirtschaftspolitischer Zielkonflikt und katholische Soziallehre, Köln 1968, S. 172).

Aus dieser Position sollten die Sozialverbände meinungsbildend, d. h. auch durch gezielte Öffentlichkeitsarbeit, auf eine nüchterne Abwägung der Zusammenhänge zwischen technischer Entwicklung und gesellschaftlichen Änderungen hinwirken. Geschichte ist nicht die Geschichte von Produktionsprozessen und Klassenkämpfen! Das Wort von der technischen Revolution ist zwar seit Toynbee gebräuchlich, als zitierter Begriff verdeckt er jedoch mehr die technische Entwicklung im historischen Ablauf, als daß er zur Aufklärung ihrer gesellschaftlichen Zusammenhänge beiträgt.

4. Öffentlichkeitsarbeit — aber wie?

Sozialverbände sind gehalten, über ihre gesellschaftspolitischen Aufgaben „in Zeiten industrieller Umstrukturierungen" nachzudenken — vorausgesetzt, sie akzeptieren diese Aufgabe als Verbandspflicht nicht nur gegenüber ihren eigenen Mitgliedern und verwandten Organisationen, sondern auch gegenüber dem Gemeinwesen.

Es ist die Frage gestellt: Was haben wir zu tun? Die Antwort setzt die Einschätzung des Stellenwertes des Verbandes in der Öffentlichkeit und bei den Medien als Meinungsträger voraus.

Durch wen und wie werden heute Meinungen transportiert? Welche Argumente aus welchen Positionen schlagen heute durch? Wer stellt heute politische Weichen, wer macht Politik? Wie müssen Stellungnahmen z. B. zum Thema „Technik, Gesellschaft, Menschenbild, Ethos" als Beitrag zu einem politischen Entscheidungsprozeß beschaffen sein, um im Konzert der Meinungsbildung von Medien und Öffentlichkeit akzeptiert zu werden und anzukommen?

Hängt die Überzeugungskraft eines Verbandes nicht nur von der Stärke ihrer Argumentation, sondern nicht auch von der Mitgliederstärke und dem allgemeinen Urteil des politischen Umfeldes ab? Ist die vertretene Position in der Öffentlichkeit nicht gerade „in", wird es der Einzelverband schwer haben, sich Gehör zu verschaffen. Es gibt hierfür Beispiele.

Das Gespräch mit Personen des öffentlichen Lebens über die verschiedenen gesellschaftspolitischen Verbandsaufgaben und -meinungen ersetzt nicht das unmittelbare Gespräch mit der Öffentlichkeit. Den jeweiligen Verbänden nahestehende Presseorgane sind gewiß gute „Werbeträger", ihre Aufgabe würde jedoch erleichtert, wenn sich weltanschaulich nahe Verbände zu aktuellen Fragen mit einer Stimme äußern würden. Dies setzt von Fall zu Fall Koalitionen voraus. Mit entsprechenden Kompetenzen ausgestattete Verbandssprecher betreiben das Geschäft der Öffentlichkeitsarbeit. Meinungsbildend ist heute nur, wer politisch Flagge zeigt und Massen zu bewegen und zu motivieren weiß. Weltanschauliches Besitzstandsdenken bewegt heute nichts — auch nicht mit Wahrheiten und zweitausendjähriger Tradition im Rücken.

Verbandskoalitionen setzen aber auch internen Informations- und Argumentationsaustausch voraus. Was steht der Empfehlung entgegen, wenn Sozialverbände in gezielter Arbeitsteilung anstehende Fragen aufarbeiten? Warum praktiziert man bei gemeinsamem Ideenhaushalt und gemeinsamem politischen Anliegen nicht Solidarität und neutralisiert autonomistische Vorstellungen durch Subsidiarität? Das Konzept des Brainstorming setzt kompetente Vordenker voraus; geistliche Berater als Statthalter überzeitlicher Wertpositionen genügen nicht.

Das 1984 ins Leben gerufene Referat Kirche-Wirtschaft im Institut der deutschen Wirtschaft hat die Aufgabe, den Dialog zwischen den Kirchen und der Wirtschaft zu vertiefen. Könnte dieses Referat nicht zum

Teil die Funktion einer neutralen Clearingstelle oder einer technischen „Meinungsbörse" für Sozialverbände gewisser weltanschaulich-politischer Orientierung übernehmen, um Kooperation und Presseaktivitäten zu erleichtern?

Die konkrete Frage lautet: Was haben w i r zu tun?

Sozialverbände als gesellschaftliche Standesgruppierungen im vorparlamentarischen Raum können sich über Stellungnahmen an der öffentlichen Meinungs- und Entscheidungsbildung beteiligen; sie können aber auch zusätzlich ihre Mitglieder motivieren, unmittelbar in die politischen Entscheidungsgremien einzutreten, um dort direkt persönlich für die Argumentation ihres Verbandes zu werben. Sachpolitik ist auch Personalpolitik.

Veröffentlichungen, Tagungen und Reden kompetenter Vertreter ihres Fachs wie Verlautbarungen der Kirchen beweisen, daß die Diskussion zwischen Technikern, Gesellschaftswissenschaftlern und Theologen über die gesellschaftlichen und ethischen Konsequenzen des gegenwärtigen technischen Fortschritts seit langem intensiv geführt wird. Befragungen von Forschungsinstituten verhelfen laufend zu Einsichten über den Stand entsprechender Meinungsbildung breiter Bevölkerungskreise. Mit Hilfe moderner Informatik (Datenbanken, Fachinformationssysteme) wird es immer leichter, sich einen Überblick über den jeweiligen Diskussionsstand auch schwieriger Detailfragen in der Fachliteratur zu verschaffen. Wissen ist zur Ware auf weltoffenen Spezialmärkten geworden. Medien transportieren Wissen zu erschwinglichen Preisen zu jedem Interessenten; ihm obliegt nur die Mühe der Auswahl. Wachsende Freizeiten können zu bisher ungeahnten Bildungschancen und Aktivitäten verhelfen.

Ist es unangemessen zu fragen, wie und mit welchem Erfolg unsere Sozialverbände die vielfältigen Offerten nutzen? Überlassen sie nicht weitgehend ihren Mitgliedern das entsprechende Engagement, und zielt nicht ihr eigenes Angebot vornehmlich auf die Motivierung und Wissenserweiterung ihrer Mitglieder?

Gesellschaftlicher Wandel ist ein aktuelles Diskussionsthema, aber auch eine Herausforderung an die Sozialverbände selbst, ihr Verständnis und ihre Aufgaben als gesellschaftlich offene Gruppierungen auch auf effiziente Öffentlichkeitsarbeit hin laufend zu überdenken.

5. Konkretisierung von Positionen — Aufgabe der Sozialverbände

Der Versuch einer Antwort auf die Frage, was haben wir zu tun, bliebe einseitig, wenn nicht auch konkrete Problemfelder benannt würden, die den hier angesprochenen Sozialverbänden gemäß sind und für deren Erörterung sie aufgrund ihrer weltanschaulichen und berufsständischen Orientierung die entsprechenden Voraussetzungen mitbringen. Das Tagungsthema erweitert sich somit: Was haben wir „ g e - m e i n s a m für eine menschliche Zukunft" zu bedenken und zu tun?

Diese Frage soll mit Hilfe von vier Zitationen namhafter Persönlichkeiten angegangen werden. Es ist gewiß nicht unbillig, wenn auf diese Weise auch die Autorität der Zitierten für die folgenden Überlegungen mit in Anspruch genommen wird.

a) „Nicht in der Rolle des konservativen Warners und Retardierers"

Die gegenwärtige Welle der Technikfeindlichkeit und Fortschrittsangst ist nicht zu leugnen, mag sie auch durch Medien in ihrer Repräsentation zum Teil einseitig dargestellt und interpretiert sein.

Die 1980 vom Münchener Institut für Jugendforschung im Auftrage des Jugendwerks der Deutschen Shell AG durchgeführte Umfrage, die Studie „Näherungsversuche Jugend '81" vom Jugendwerk der Deutschen Shell AG (Leverkusen 1983), die empirische Untersuchung von Henning Günther, „Die verwöhnte Generation? Lebensstile und Weltbilder 14- bis 19jähriger" (Hanns Martin Schleyer-Stiftung, Köln 1982) oder auch die in den „Beiträgen" des Instituts der deutschen Wirtschaft, Köln 1980 von Georg von Landsberg und Emil-Peter Müller vorgelegte Untersuchung „Jugend und Wirtschaftsordnung" geben einen ernstzunehmenden Einblick in die Weltanschauung

70

eines gewichtigen Teils unserer Bevölkerung. Technischer Fortschritt wird um so stärker abgelehnt, je weniger man von ihm weiß.

Es ist Aufgabe der Sozialverbände, die technologischen und innovatorischen Erfahrungen und Einsichten ihrer Mitglieder in die öffentliche Diskussion einzubringen, damit die Zusammenhänge zwischen Technik, Gesellschaft und Umwelt in ihrer ganzen Ambivalenz — aber nüchtern und sachlich — verstanden und dargestellt werden.

Karl Rahner hat bereits im Jahr 1965 Vorträge unter dem Titel „Experiment Mensch" gehalten, deren Gedanken manchem auch heute noch als kühn erscheinen mögen. Die Aufforderung, nicht in der Rolle des konservativen Warners und Retardierers zu verharren, dürfte jedoch wohl allgemein akzeptiert werden. Die wenigen nur möglichen Satzzitate können nicht die subtile Argumentation Rahners einfangen; sie sollen zum Nachdenken anregen.

„Heute ändert der Mensch sich. . . . Der Mensch plant sich selbst. . . . Der Mensch entdeckt sich als operabel. Diese radikal neue Epoche ist am Kommen, und zwar in allen Dimensionen. . . . Die Werkhalle zunächst der Hominisierung der Umwelt des Menschen: in dem der Mensch nicht mehr in einer Umwelt, sie nur oberflächlich kultivierend, lebt, sondern sie selbst schafft, die vorgegebene Natur nur noch als Material für seine Umwelt, die er selbst nach eigenem Entwurf erzeugen will, betrachtet. . . . Da ist die Werkhalle der Biologie, der Biochemie und Genetik. . . . Schon schmieden die Biologen, ihre theoretische Wissenschaft überschreitend, die Pläne der biologischen Selbstmanipulation des Menschen. . . . Da ist die Werkhalle der Medizin. . . . Hier werden künstliche Nieren und Aorten gebaut, Transistoren, die den Gang des Herzens besser regeln. Da ist die psychologische Werkhalle . . . , die nicht auf Freiheit und Einsicht aufbauen muß, die sozial-wünschenswerte Verhaltensmuster in allen produziert, so daß die konfliktlose, reibungslose Gesellschaft entsteht. . . . Die Welt von morgen wird anders sein als die Welt von heute. Und in dieser Welt wird der Mensch in einem früher ungeahnten und unpraktikablen Ausmaß der Mensch sein, der als Einzelner und als Gesellschaft sich selbst plant, steuert, manipuliert. . . . Die Frage nach dem Wesen des

Menschen ist neu gestellt. . . . . Es wäre zu beklagen, daß die Christen zuwenig mit Mut und schöpferischer Phantasie beitragen zu einer schöpferischen Zukunftsideologie für diese Selbstmanipulation in eine ferne, wenn auch kategoriale Zukunft hinein, sondern sich im allgemeinen mit der Rolle des konservativen Warners und Retardierers begnügen." (Karl Rahner, Experiment Mensch, zitiert aus der Festschrift für Max Müller: Die Frage nach dem Menschen, Freiburg 1966)

b) „Seelische Kultur" — auch ein gesellschaftlicher Faktor

Wer will leugnen, daß sich heute die Welthandelsströme und hiermit auch ein guter Teil der gewerblichen Produktion auf Asien und den Stillen Ozean orientieren? Die gegenwärtige Diskussion um die Weltmarktpositionen der alten Industrieländer und um die Frage, wo die neuen Technologien in marktbeherrschende Produktion gehen, zeigt, daß das ursprünglich europäische technologische, wirtschaftliche Wissen welthandelsbar geworden ist. Unsere Industriekultur hat ihr Monopol in der Welt seit langem eingebüßt. Trotzdem wird die Diskussion um die moderne Technologie und ihre gesellschaftlichen Voraussetzungen und Konsequenzen weitgehend mit Argumenten geführt, die einer national autarken Vorstellungswelt entsprechen, welche Kultur und Bildung als Ausbildung funktionalisieren und Personsein, auch als gesellschaftlichen Wert, entweder nur individualisiert akzeptieren oder schlicht tabuisieren (Der „Bauch" gehört mir). Der „Umsturz der Werte" (nach Max Scheler) hat personale, aber auch soziale, gesellschaftliche und damit auch ökonomische Konsequenzen. Aufgabe der weltanschaulich gebundenen Verbände ist, auf die Interdependenz der Zusammenhänge von Person, Kultur, Gesellschaft, Wirtschaft und Technik hinzuweisen —,mag eine Beweisführung auch schwierig sein.

Romano Guardini hielt 1955 auf der Hauptversammlung des Vereins Deutscher Eisenhüttenleute in Düsseldorf einen vielbeachteten Vortrag: „Der unvollständige Mensch und die Macht." Er war so frei, seinem Auditorium auch direkt ein „Rezept" zu empfehlen. Doch hier nur folgende Passage:

„Europa — und ebenso Amerika — sagen wir also summarisch: die weiße Rasse, hat die privilegierte Stellung, die sie durch ihre technische Überlegenheit über die anderen Völker hatte, grundsätzlich bereits verloren und wird sie auch faktisch immer schneller verlieren. Vor allem die asiatischen Völker treten in den Wettkampf des Weltgeschehens ein. Das sind aber Völker, in denen die bei uns verkümmerte Komponente des menschlichen Wesens noch sehr stark ist. Und nicht nur, weil sie, wie etwa die Afrikaner, noch einen Naturzusammenhang, sondern weil sie, wie die großen asiatischen Völker, eine uralte seelische Kultur haben; eine Tradition der Sammlung, der Konzentration, der inneren Vertiefung, die noch durchaus lebendig ist; sie sind noch ‚vollständig'. Wenn nun diese Völker — was sie mit größtem Geschick und in raschester Folge tun — in Wissenschaft und Technik Fuß fassen, dann mögen die Weißen sich in acht nehmen." (Romano Guardini: Der unvollständige Mensch und die Macht, Sonderdruck aus „Stahl und Eisen" 75 (1955), Heft 24, S. 1621/26, Düsseldorf)

c) „Der Betrieb ist Teil der politischen Gesellschaft"

Das folgende Zitat aus Hanns Martin Schleyer „Das soziale Modell" (Stuttgart 1974, Seiten 170/212) bedarf keiner weiteren Kommentierung. Der Betrieb als Sozialverband wird zum konkretisierten, nachvollziehbaren Dialog. Hier gelingt eine Beweisführung „Technische Revolutionen und gesellschaftlicher Wandel — gemeinsam für eine menschliche Zukunft" am ehesten. Betriebserfahrungen sind schwer zu widerlegen; Skeptiker können sich ihnen nicht verschließen.

„Das Arbeitsleben macht einen großen Teil der menschlichen Existenz aus; die im Betrieb verbrachte Zeit bestimmt weitestgehend das Gesellschafts-, Welt- und Selbstverständnis des arbeitenden Menschen. Wird er hier enttäuscht, ‚frustriert', sieht er sich hier nicht menschlich voll genommen, ins bloß Funktionale abgedrängt — dann wird er die Vorzüge und humanen Aspekte des marktwirtschaftlichen Systems nicht verstehen können und wollen. Wenn irgendwo, dann muß die Integration des Arbeitnehmers in die freiheitliche Ordnung im Betrieb erfolgen; hier vor allem muß er sie als die optimale Lösung des Sozial- und Arbeitsproblems erfahren. Der Betrieb ist Teil der politischen Gesellschaft. Hier ist der Unternehmer mit einer eminent politischen, verantwortungsschweren Aufgabe belastet." „Autorität entsteht heute durch Überzeugen, Bewährung, Vorbild. Wer Autorität haben will, muß sich durch überlegenes Können, Entscheidungsfreudigkeit, untadeligen Charakter und hohes Verantwortungsbewußtsein qualifizieren. Deswegen kann Autorität auch nicht einfach delegiert werden; sie ist unübertragbar, denn sie existiert nur noch als persönliche Eigenschaft, nicht mehr als Dignität, die man verleihen kann wie einen Orden oder einen Titel."

Noch ein Nachsatz, ein unmittelbarer Beitrag von H. M. Schleyer zu unserem Thema: „Der Vorwurf, daß unsere Gesellschaft im Grunde nur aus funktionalen und nicht aus menschlichen Beziehungen bestehe, ist zwar in dieser Generalisierung falsch. . . . Wir müssen uns in aller Nüchternheit fragen, ob wir nicht tatsächlich das Menschliche vernachlässigt und uns ausschließlich auf die sachliche Leistung konzentriert haben, auch und gerade innerhalb unserer Arbeitsorganisation." (S. 347)

d) „Noch sind die entsprechenden Ordnungen nicht gefunden"

Die Anpassung der Betriebe und Unternehmen an neue Techniken ist in vollem Gange. Arbeitsverträge tragen dieser Entwicklung Rechnung. Über ein Soziales Netz und differenzierte Bildungspolitik werden die Klippen der „Integration des Arbeitnehmers in die freiheitliche Ordnung" abgesichert. Als ökonomisches und gesellschaftliches Problem bleibt die ständige Zunahme der Arbeitsproduktivität, die nicht in volkswirtschaftliches Wachstum umgesetzt werden kann, bestehen. Leistung und Wachstum unserer Volkswirtschaft sind heute das Ergebnis komplexer Ressourcen und Produktionsfaktoren. Arbeitskraft und Arbeitszeit wechseln als Dispositionsfaktoren von der Quantität zur Qualität. Die Produktivitätsmessung wird zu einem besonderen Problem. Arbeit gibt es genug; die Bedürfnisse der Menschen und Völker sind weltweit noch lange nicht saturiert. „Je mehr Menschen in die Marktwirtschaft einrücken, desto größer wird die Arbeitsteilung, und die größere Teilung des Wissens führt schließlich zu einer größeren Ausnutzung von weit verstreutem Wissen" (Friedrich

August von Hayek, Evolution und spontane Ordnung, als Vortrag veröffentlicht von der Bank Hofmann AG, Zürich 1983). Und: die größte
Bevölkerungsvermehrung habe nie in entwickelten Marktwirtschaften
stattgefunden, sondern immer nur in Peripherien der entwickelten
Wirtschaften. „Die Zunahme beruht auf der Tatsache, daß die Menschen dort noch nicht die Tradition, die Moral und die Gewohnheiten
der Marktwirtschaft erworben haben, . . . aber noch die Gewohnheiten der Fortpflanzung haben, die aus dem Leben außerhalb der Marktwirtschaft stammen, als das Problem war, genug Kinder zur Welt zu
bringen, damit im Alter mindestens noch zwei überlebende einen erhalten können."

Gesellschaftlicher Wandel, menschliche Zukunft! Man spricht heute
viel von der geistigen Wende. Entscheidungshilfen sind gesucht.
Doch mit welchen Begriffen, Theorien und Vorstellungen werden Diskussionen und Analysen geführt? Einsichten in technische Notwendigkeiten und Erfahrungen vor Ort in den Betrieben werden nicht ausreichend transportiert. „Vor den Toren" dominieren Argumente aus
den Zeiten des Klassenkampfes des letzten Jahrhunderts. Konflikt-
theorien contra Partnerschaftsdenken!

Walter Eucken hat bereits vor einer Diskussion mit veralteten Begriffen und Gegensätzen gewarnt. Man solle sich den Dingen selbst zu-
wenden und schauen, um welche Realitäten es sich handelt. Uns fehle
die Kraft zur Wirklichkeit; man müsse wieder lernen, die Sachgesetz-
lichkeiten zu respektieren. Wirtschaftsfragen werden von ihm im Zusammenhang mit Fragen anderer Lebensbereiche gesehen und ana-
lysiert. Insbesondere der Gedanke der Interdependenz der Lebens-
ordnungen besticht für den gegenwärtigen Dialog über Technik, Wirtschaft, Umwelt und Ethik. Für Eucken ist Ordnung eine Kategorie, „die
dem Wesen des Menschen und der Sache entspricht, d. h. Ordnung,
in der Maß und Gleichgewicht bestehen. Schon die antike Philosophie
vollzog diese Fassung des Ordnungsbegriffs. Sie suchte in der Man-
nigfaltigkeit der Dinge den verborgenen architektonischen Gestal-
tungsplan der Welt". (Walter Eucken, Grundsätze der Wirtschaftspoli-
tik, Bern, Tübingen 1952, Nachwort S. 372)

Eucken beginnt seine „Grundsätze" mit folgenden Worten — ein Appell — auch an die Sozialverbände:

„Industrialisierung und moderne Technik haben einen einzigartigen Umsturz in der Geschichte bewirkt. Die wirtschaftlich-technische Umwelt jedes einzelnen Menschen hat sich völlig geändert; die Umwelten Goethes und Platons waren einander ähnlicher als die Umwelten Goethes und eines heute lebenden Menschen. Die Lebensform der Menschen hat sich dadurch verändert. Neue große wirtschaftspolitische Probleme sind aus diesem Umsturz erwachsen. Aber so großartig die Leistungen der Naturwissenschaften und Technik sind: Noch sind zu den neuartigen Lebensumständen die entsprechenden Ordnungen nicht gefunden. Wir stehen hier vor einer Disproportionalität, die zu ihrer Bewältigung die größte denkerische Anstrengung erfordert. Doch es wird sich zeigen, daß die übliche wirtschaftspolitische Diskussion mit veralteten Begriffen und Gegensätzen erfüllt ist. Um so mehr ist es geboten, sich zu den Dingen selbst zu wenden und in der Realität des 20. Jahrhunderts zu sehen, worum es sich handelt. Soziale Sicherheit und soziale Gerechtigkeit sind die großen Anliegen der Zeit. Die soziale Frage ist seit Beginn der Industrialisierung mehr und mehr zur Zentralfrage menschlichen Daseins geworden. Sie hat eine eminente geschichtliche Kraft. Auf ihre Lösung müssen Denken und Handeln vor allem gerichtet sein."

Was haben *wir* zu tun?

In der Reihe Beiträge zur Wirtschafts- und Sozialpolitik sind seit 1984 erschienen:

9783602248568.4

In der Reihe Beiträge zur Gesellschafts- und Bildungspolitik sind seit 1984 erschienen

*) vergriffen

ISBN 3 – 602 – 24856 – 9